SPRACHE UND WIRKUNG

Das Praxishandbuch für erfolgreiche Kommunikation

LINGVA ETERNA ist eine eingetragene Marke.

LINGVA ETERNA Verlag, Erlangen 2022, 2. Auflage
Der LINGVA ETERNA Verlag ist eine Marke der
LINGVA ETERNA GmbH.

www.lingva-eterna.de

Lektorat: Barbara Lösel, www.wortvergnügen.de
Cover, Layout und Satz: Reingold GmbH, reingold.media
Druck: L/M/B Druck GmbH Louko
Gedruckt auf umweltfreundlichem, chlorfrei gebleichtem Papier

Printed in Germany
ISBN: 978-3-947437-13-9

Ein Titeldatensatz für diese Publikation ist bei der
Deutschen Nationalbibliothek erhältlich.

Mechthild R. von Scheurl-Defersdorf
Theodor von Stockert

SPRACHE UND WIRKUNG

Das Praxishandbuch für erfolgreiche Kommunikation

LINGVA ETERNA
VERLAG

Inhalt

Der Zustand der Welt 7

Eine Gebrauchsanleitung für erfolgreiche Kommunikation 11

Die Entwicklung der Kommunikation im 20. Jahrhundert 13
- Kommunikation in der Familie im Wandel der Zeit 13
- Kommunikation im Beruf bewusst gestalten 18

Persönliche und wissenschaftliche Wurzeln 23
- Mechthild R. von Scheurl-Defersdorf 23
- Theodor von Stockert 29

Das Lingva Eterna Sprach- und Kommunikationskonzept 45
- Lingva Eterna und seine Grundlagen 46

Das Lingva Eterna Kommunikationsmodell 55
- Die fünf Schritte 55
- Kommunikation ist ein Prozess 58
- Die Anwendung des Kommunikationsmodells bei Kindern 59
- Die Performanz – die sprachliche Umsetzung 60
- Lingva Eterna Elemente und das Kommunikationsmodell 63

Das Lingva Eterna Kommunikationsmodell in der Praxis 71
- Vorbemerkung 71
- Übersicht Praxisbeispiele 73
- Praxisbeispiele 75

Was wir uns wünschen 181

Kontakt 183

Autorin und Autor 185

Literatur 187

Der Zustand der Welt

Wir stehen an einer Zeitenwende. Es ist, als ob die Zeit für einen Moment die Augen schließe, um nachzudenken, wie es weitergehen könne. So wie bisher kann es nicht weitergehen. Aufbruch und Neubeginn sind angesagt.

Wir blicken zurück auf eine lange Periode von Kriegen, Flucht und Vertreibung. Auch wenn wir in Deutschland selbst seit 75 Jahren nicht mehr unmittelbar betroffen sind, erinnern wir uns sehr wohl noch an die Schrecken des Zweiten Weltkrieges. Wir sehen, wie Krieg, Not und Hunger auf der Erde weiterhin unvermindert bestehen, und wir werden durch die vielen Flüchtlinge aus anderen Regionen täglich daran erinnert. Wir sind damit Beteiligte. Die Notleidenden drängen zu uns und erwarten von uns, den Reichen und in Frieden Lebenden, Hilfe. Immer noch bedroht uns ein Arsenal von Waffen, welche unsere Welt in kurzer Zeit zerstören können. Ein Neuanfang ist unumgänglich!

Wir haben das absolute Gebot zum Frieden. Manche Menschen gehen davon aus, dass eine neue astronomische Konstellation eine Wende für uns bringen werde. Gibt es denn schon irgendwelche Anzeichen dafür? Gibt es geopolitische Ereignisse, die auf bessere Zeiten hinweisen? – Ja, es gibt sie!

Im Jahr 1989 ist es, wohlgemerkt durch eine friedliche Revolution, nach fast fünfzig Jahren der Trennung in zwei deutsche Staaten zur Wiedervereinigung gekommen. Dies ist ein Schlussstrich für das sogenannte Dritte Reich, den Holocaust, den Zweiten Weltkrieg und seine Folgen wie auch für die Teilung Deutschlands. Mit der Aufarbeitung dieser belastenden Geschichte werden wir freilich noch lange zu tun haben. Dafür gibt es unter anderem Initiativen gegen das Vergessen nationaler Verbrechen wie den Holocaust. Doch ist die Wiedervereinigung ein Ereignis, worauf wir stolz und glücklich sein dürfen. Sie hat einen Krisenherd aus der Welt geschafft.

Mit Donald Trump ist ein Präsident der Vereinigten Staaten aus dem wichtigsten politischen Amt auf dieser Welt vertrieben worden, der viel Unheil und Streit zu verantworten hat. Auch wenn es zu bezweifeln ist, dass er nun ruhiggestellt werden kann. Er hat Spaltung und Zwietracht gebracht, wo er nur konnte. Er hat sein Land nachhaltig traumatisiert. Mögen die USA sich allmählich davon erholen!

In jüngerer Zeit wurden Wirtschaftsvergehen großen Umfangs aufgedeckt wie beim Abgasskandal in der Autoindustrie und im internationalen Drogenhandel. Ein großer Ring von Verbrechen mit Kinderpornografie wurde aufgedeckt, und die Kirchen legen den früher verbreiteten sexuellen Missbrauch an Kindern offen. Das alles klingt nach einem großen Aufräumen.

Was können und was müssen wir tun? Durch die weltweite Pandemie ist uns derzeit eine Bedenkzeit aufgezwungen, die wir nutzen sollten. Wir haben die Aufgabe, jetzt wieder klein anzufangen. Es ist höchste Zeit, Barrieren aufzulösen – Sozialbarrieren, Altersbarrieren, Geschlechterbarrieren, Barrieren zwischen verschiedenen Völkern sowie religiöse Barrieren. Und wir können aufeinander zugehen. Es ist Not-wendig, dass wir miteinander reden, den anderen als gleichwertigen Gesprächspartner erkennen und einander begegnen – auf allen Ebenen und in allen Strukturen und Gesellschaftssystemen. Viele überkommene Muster hindern uns an der Entwicklung. Es gilt, sie zu erkennen und aufzulösen.

In den Zeiten der Corona-Pandemie sind die unmittelbaren Kontakte zusätzlich beschränkt. Dem Schwatz mit der Nachbarin im Treppenhaus gehen wir aus dem Weg, um uns gegenseitig vor Ansteckung zu schützen. Unsere Einkäufe beschränken sich auf Lebensmittelmärkte, aus deren Regalen der Kunde sich stumm bedient. Ohne lebendige Kommunikation verkümmert unser Leben spürbar.

Die Entwicklungen der Pandemie machen das natürliche Bedürfnis nach Kommunikation bewusst. Die Frage „Wie geht es dir?“ hat mehr Gehalt bekommen und zeigt aufrichtiges Interesse am Wohlergehen des anderen. Hier findet ein Wertewandel statt. Das Bewusstsein für den Wert der Kommunikation und deren hohen Wert für die Familie und die Gesellschaft hat spürbar zugenommen. Möge es uns für die Zeiten nach der Pandemie erhalten bleiben.

Viele Firmen haben noch Strukturen, die sich aus dem Militär ableiten mit „Feindbildern“, „General“-Direktoren, Vertriebsleuten „an vorderster Front“ und „umkämpften“ Marktanteilen. Konkurrenten werden als Feinde betrachtet. Positionen sind oft nicht durch fachliche Qualität begründet, sondern durch Macht und Beziehung. Ein solcher Missstand gilt zum Teil auch für Verwaltungen. Posten werden hier oft nicht durch fachliche Fähigkeiten erworben, sondern ersessen. Auch hier liegt also manches im Argen.

Es führt nichts daran vorbei, neue Formen der Zusammenarbeit zu entwickeln. Dazu gibt es im Projektmanagement und bei agilen Konzepten schon wertvolle Ansätze.

Die Zeit ist reif, zu begreifen, dass in einem gut funktionierenden System der Beitrag jedes Mitarbeiters von gleichem Wert ist. Sonst würde das ganze System nicht funktionieren. Das schließt allerdings keineswegs eine gesunde Hierarchie aus.

Auch in der Pädagogik ist Umdenken angesagt. Früher mussten Kinder in erster Linie gehorchen und funktionieren, wie uns eine ältere Dame aus ihrer Kindheit berichtete. Kinder brauchen nicht „Erziehung“, wir müssen nicht ständig an ihnen „ziehen“, sondern sie brauchen Zuwendung und seelische Nahrung in Form von Liebe. Und sie brauchen Raum und Zeit, um sich erproben und Dinge ausprobieren zu können.

Wir alle tragen Traumen mit uns herum – aus allen Lebensphasen, große und kleine. Manche haben wir vergessen, andere stecken wir weg und andere belasten uns das ganze Leben lang. Manche, die wir glauben hinter uns gelassen zu haben, kommen aus der Erinnerung wieder in unser Leben zurück. Es gibt Traumen im Leben mancher Menschen, über die sie überhaupt nicht sprechen können. Sie müssen sie verleugnen, um ihre verheerende Wirkung auf sie zu vergessen. Da reden sie sie lieber schön.

Kriegsteilnehmer können manchmal nicht von ihren schlimmen Erlebnissen berichten. Sie blenden ganze Perioden ihres Lebens aus, auch die guten Zeiten. Mütter berichten nicht, wie es vor der Vertreibung in dem schönen Dorf in Ostpreußen war, wie sie mit anderen am Ententeich saßen und wie es auf den Feldern roch. Alles ist überschattet von den Bildern und den Erlebnissen der Vertreibung. Es fehlt ihnen ein

Teil ihrer Biografie, und oft haben sie keine Gefühle oder sie können sie nicht äußern, weil sie damit nur Erinnerung an Not, Gewalt und Hunger erleben würden. Manchen geht im Alter doch noch der Mund auf und sie erzählen dem Enkel oder Urenkel auch Schönes aus alten Zeiten. Andere aber nehmen ihre Erlebnisse mit ins Grab. Sie haben für viele Dinge die Sprache verloren.

Wir alle gehen manchen unangenehmen Erinnerungen aus der Vergangenheit durch Verdrängung und Verleugnung aus dem Wege, aber Traumatisierung und Verletzung bleiben und verhärten unsere Seele. Sie veranlassen uns manchmal, Dinge zu sagen oder zu tun, durch die wir andere verletzen und wieder Leid verursachen. Wir können auch durch unsere Sprache traumatisieren. Mancher Gewalttäter hat in seiner Kindheit schrecklich viel Gewalt erlebt. Die gibt er als Erwachsener später weiter.

Daher ist es wichtig, dass wir miteinander sprechen. Viele Menschen haben dies nie gelernt. Sie können nicht in ein wirkliches Gespräch gehen. Sie sprechen nur nacheinander, doch nicht miteinander. Dieses Miteinander-Sprechen will gelernt sein und braucht Übung. Dann begegnen wir uns. Wir kommen einander nahe und lernen, uns gegenseitig zu verstehen und Verständnis zu haben. Es ist wichtig, dass wir transparent werden für den anderen und uns nicht verbergen. Wir sollen teilhaben und auch unseren Mitmenschen Teilhabe ermöglichen. Nur so erschaffen wir eine Welt, die eine Zukunft hat.

Eine Gebrauchsanleitung für erfolgreiche Kommunikation

Wir wollen für die Kommunikation ein neues Bewusstsein schaffen. Dafür haben wir das Lingva Eterna Sprach- und Kommunikationskonzept entwickelt. Es ist uns ein Anliegen, mit unserem Konzept einen Beitrag zu leisten zum gegenseitigen Verständnis und zum Frieden. Eine klare, wertschätzende Kommunikation fördert ein angenehmes Klima. Sie ermöglicht den Beteiligten eine angstfreie Offenheit und Ehrlichkeit. Sie können dann auch schwierige Dinge ansprechen, noch lange bevor eine Situation eskaliert und sich jemand verletzt fühlt.

Mit dem Lingva Eterna Sprach- und Kommunikationskonzept fördern wir zwischenmenschliche Begegnung. Menschen begegnen sich selbst und anderen auf eine neue Weise. Wenn jemand sicher ist, dass er einen anderen mit seinen Äußerungen nicht verletzt, ist dies auch eine Ermutigung für ihn, aufzutreten und sich zu zeigen. Die Wertschätzung, die er dabei gegenüber einem anderen zeigt, kommt vielfältig zu ihm zurück.

In einer Gesellschaft von Vereinzelung und Getrenntsein haben viele Menschen verlernt, zu kommunizieren. Sie brauchen eine Anleitung, um sich frei zu äußern. Die aus manchen anderen Gründen gestörte Kommunikation wird durch die derzeit bestehenden Pandemieentwicklungen zusätzlich belastet.

Das Lingva Eterna Sprach- und Kommunikationskonzept bietet eine Gebrauchsanleitung für die Kommunikation auch in schwierigen Zeiten. Die Grundlage dafür bildet das Lingva Eterna Kommunikationsmodell. Dazu stellen wir die theoretischen Grundlagen vor und zeigen in vielen Anwendungsbeispielen die praktischen Umsetzungsmöglichkeiten.

Die Entwicklung der Kommunikation im 20. Jahrhundert

Die Kommunikation im Alltag entwickelt sich mit der Zeit und mit den Menschen, die kommunizieren. Kinder wachsen in ihrer Welt und mit deren Kommunikationsformen auf. Im Lauf des 20. Jahrhunderts gab es viele Veränderungen und Neuerungen. Sie wirken sich auf den Umgang aus, den Menschen miteinander pflegen, und damit auf ihre Kommunikation.

Kommunikation in der Familie im Wandel der Zeit

Eines der wesentlichen Merkmale zu Beginn des 20. Jahrhunderts waren die großen, kinderreichen Familien. Es gab keine künstlichen Verhütungsmethoden. Daher hatten Eltern zwischen fünf und zehn Kinder, von denen etliche schon in der Kindheit an Infektionskrankheiten starben. Andere starben zum Teil als junge Erwachsene an Tuberkulose und anderen Erkrankungen, die bei uns heute kaum eine Rolle mehr spielen. Heute überleben fast alle Kinder.

Kinder hatten früher daher meist Geschwister, mit denen sie aufwuchsen und mit denen sie täglich redeten. Sie lernten ihre Sprache und die tägliche Kommunikation spielend von den Eltern, und das bei den unterschiedlichsten Gelegenheiten. Sie lernten streiten und sich versöhnen, und beim Abendessen saßen sie alle wieder um einen Tisch.

Sie hörten von den Erwachsenen, was diese erlebten, und sie wussten, was erlaubt und was verboten war. Sie lernten Konflikte und gute und weniger gute Lösungen kennen. Vor allem lernten sie Regeln und sie begriffen, was passiert, wenn sie sich nicht an Regeln hielten. Sie hörten Geschichten von ihren Eltern und von ihren älteren Geschwistern. Dafür war viel Zeit und Gelegenheit, denn früher gab es weder Fernsehen noch Internet. Das Fernsehen kam erst in den sechziger Jahren in die Familien und das Internet in den neunziger Jahren.

Was haben wir heute? Familien bestehen oft nur aus Vater, Mutter und einem oder zwei Kindern. Die Großeltern wohnen selten mit im Haus. Die modernen Wohnungen und Häuser sind dafür zu klein. Die Mitglieder einer Familie leben oft weit verstreut und kommunizieren folglich weniger miteinander, als wenn sie unter einem Dach oder im selben Dorf leben würden.

Die Eltern sprechen miteinander, aber oft wenig mit dem Kind. Die Inhalte bestehen weitgehend aus nüchternen Sachinformationen zum alltäglichen Leben sowie aus Anweisungen und Verboten. Ihre Kommunikation ist arm an Bildern und Geschichten. Wo lernen Kinder eine Kommunikation, bei der Menschen miteinander in einem lebendigen Austausch sind?

Noch schwieriger ist die Situation für Kinder von alleinerziehenden Eltern. Diese sind meist berufstätig. Sie sprechen mit dem Kind oder den Kindern morgens nur das Notwendigste, und abends sind sie rechtschaffen müde. Hier bleibt den Kindern daheim wenig Gelegenheit, am Leben und an den Gedanken ihrer Eltern und weiterer Familienangehöriger teilzuhaben. So kommt es, dass Kinder oft wenig von ihren Eltern wissen und davon, wie sie aufwuchsen.

Manche Eltern haben ihre angestammte Heimat hinter sich gelassen. Sie kommen aus anderen Regionen oder Ländern und suchen ihr Glück bei uns. Sie wollen sich eine neue Existenz aufbauen. Daran arbeiten sie unter Mangel und Entbehrungen – die Kinder sollen es einmal besser haben. Während sie alles für ihre Kinder tun, was ihnen möglich ist, können sie für sie nicht so da sein, wie sie es gerne hätten. Verwandte sind oft nicht in erreichbarer Nähe und so fehlt oft ein tragfähiges soziales Netz. Die Eltern machen das, was ihnen möglich ist.

Freudige Erinnerungen an die Kindheit

Kinder nehmen die Kommunikation der Erwachsenen aus ihrem Umfeld aufmerksam wahr. Manches davon hat sie als Kinder belustigt. Viel später als ältere Menschen erinnern sie sich daran. Es sind oft sprachliche Besonderheiten einzelner Menschen, die sie als Kinder aufmerken ließen. So geht es auch mir. Ich erinnere mich vor allem an zwei Menschen, deren Ausdrucksweise mich schon als Kind zum Lachen gebracht hat und die mich noch immer schmunzeln lässt. Die eine war meine Tante Minni aus Österreich. Sie sagte häufig und ohne ersichtlichen Grund „Also!“. Das hörte sich tatsächlich wie „Alcha!“ an. Dieses „Alcha“ hatte sie sich angewöhnt. Ich wartete schon immer drauf, wenn wir mit ihr zusammen waren, und freute mich jedes Mal, wenn es kam.

Der Zweite, an den ich mich mit seiner sprachlichen Besonderheit erinnere, ist auch ein Österreicher. Es ist der ehemalige Vorsitzende eines Vorstadtvereins. Er bestätigte schöne Erlebnisse mit der Bemerkung „dramhaft!“, was „traumhaft“ heißen sollte. Das mache ich ihm heute manchmal nach und habe meinen Spaß dabei.

Ich erinnere mich gerne an diese beiden scheinbaren Belanglosigkeiten. Sie waren besondere Merkmale in der Kommunikation dieser beiden mir vertrauten Menschen.

Es gab noch etwas Vergleichbares bei einer in den fünfziger Jahren populären Radiosendung mit dem Namen „Familie Hesselbach“. Dort beschreibt eine Frau einen ihr verdächtigen Mann mit den Worten: „Der guckt immer so, wann er geht.“ Diese Aussage ist so abenteuerlich unpräzise, und doch haben die Angesprochenen vermutlich genau gewusst, wer gemeint war. Das könnten wir als gelungene Kommunikation trotz defizienter Sprache bezeichnen.

Wie Kinder heute Kommunikation lernen

In früheren Jahren waren die Kinderwägen und die Sportwägen so konzipiert, dass die Eltern und die Kinder im Kinderwagen sich sehen konnten. In den Sportwägen saßen die Kinder, die dem Kinderwagen für die Babys entwachsen waren. Die Eltern und die Kinder waren in beständigem Blickkontakt. Da war es selbstverständlich, dass die Mütter mit ihren Kindern redeten oder ihnen etwas vorgesungen haben. Die Kinder zeigten und benannten, was sie sahen, und sie bekamen darauf eine Antwort. Dieser Blick- und Sprechkontakt ist für die kindliche Entwicklung von großer Bedeutung, auch mit Blick auf die dabei erlebten Grundregeln der Kommunikation.

Das Bewusstsein dafür scheint zumindest bei manchen Eltern abhandengekommen zu sein. Wenn Mütter oder Väter heutzutage mit ihren Kinderwägen unterwegs sind, dann schaut das Kind nach vorne in die Welt, die es noch nicht versteht. Es sieht den Vater nicht und dieser redet auch nicht mit dem Kind. Er schaut dem Kind nicht ins Gesicht und es findet überhaupt keine Kommunikation statt. Indessen mag der Vater telefonieren oder der Musik über Kopfhörer lauschen. Wie soll das Kind seine Sprache erlernen und mit wem soll es kommunizieren?

Als Steigerung dieses Missstandes erleben wir Väter und Mütter, die Joggen, Musikhören und das Kind-Ausfahren miteinander verbinden wollen. Das Kind schaut auch hier nach vorne in die ihm noch fremde Welt und saust ihr mit gesteigerter Geschwindigkeit entgegen. Wo bleibt hier das Entdecken und Zeigen, und wo bleibt hier die Gemeinsamkeit in der Kommunikation?

Hierzu gibt es eine bedeutsame Studie. Der National Literacy Trust, eine gemeinnützige Institution zur Förderung der Lesefähigkeit, gab im Rahmen der Kampagne „Talk to your Baby“ („Sprich mit deinem Kind“) eine Studie zur Blickrichtung der Kinder im Kinderwagen in Auftrag. Das zentrale Ergebnis der Studie lautet: Sind die Kinder so platziert, dass sie mit dem Gesicht nach vorne schauen, kommt es zu weniger Interaktion mit den Eltern. Dies wirkt sich nicht nur auf das momentane Wohlbefinden, sondern insgesamt auf die kindliche Entwicklung aus.[1]

Es ist zu hoffen, dass diese Erkenntnisse Allgemeingut werden und sich auf das Verhalten von Eltern und auf die Angebote von Babyzubehör auswirken.

Kinder erlernen ihre Muttersprache und Grundregeln der Kommunikation in der Familie. Dazu kommen als weitere wichtige Institutionen die Krippe und der Kindergarten. Eltern bringen ihre Kinder oft schon im Alter von wenigen Monaten, vielleicht anfangs nur an wenigen Tagen der Woche. So ist es ihnen möglich, Beruf und Familie unter einen Hut zu bekommen. Im Kindergarten erweitern die Kinder ihre Sprachkenntnisse und ihre Fähigkeit zu kommunizieren. Daran schließt sich die Grundschule an. Auch hier lernen die Kinder im alltäglichen Erleben etwas zur Sprache und zur Kommunikation.

Dieser Erlebensbereich ist für Kinder mit Migrationshintergrund von herausragender Bedeutung. Die Eltern sprechen zu Hause die Sprache ihrer Herkunftsländer. Das ist auch gut so. Damit bekommen die Kinder ihre Muttersprache akzentfrei und korrekt. Im Kindergarten und in der

1 Quelle: https://www.netdoktor.at/familie/baby/sitzrichtung-im-kinderwagen-6825573 (abgerufen am 14.4.2021)

Grundschule lernen sie auf natürliche Weise Deutsch. Den Erzieherinnen und Erziehern kommt damit eine nationale Aufgabe zu. Diese erfüllen sie mit Interesse und Hingabe und mit gutem Erfolg. Die Kinder haben damit die großartige Möglichkeit, zweisprachig aufzuwachsen.

Wir kennen eine tschetschenische Frau, die mit vier Kindern in Deutschland lebt. Ihr Ehemann bekommt keine Aufenthaltsgenehmigung und lebt in Weißrussland. Sie ist seit vielen Jahren in Deutschland und ihre Kinder sind hier aufgewachsen. Sie selbst spricht nur mangelhaft Deutsch, jedoch Tschetschenisch, Russisch und etwas Türkisch. Ihre Kinder sprechen akzentfrei Deutsch und mindestens etwas Russisch und Tschetschenisch. Auch das hat die Mutter ihren Kindern beigebracht. Sie hat konsequent darauf geachtet, dass ihre Kinder in die Kindertagesstätte und in die Schule gingen. Welch ein Erfolg!

Passive virtuelle Kommunikation

Sobald die Kinder das Alphabet einigermaßen beherrschen, wollen sie ein Handy haben. Und das bekommen sie auch oft, denn das Nachbarkind hat ja schon eins. Mit den vielen Tasten können sie vieles aus der Welt erfahren und sie können auch mit anderen kommunizieren. Das geschieht oft in sprachlich verkürzter Form und meist nur schriftlich. Die Kinder hören den Gesprächspartner nur, wenn sie richtig telefonieren. Das geschieht meist nicht. Oft senden sie sich Fotos oder andere Bilder. Die Sprache ist dabei meist rudimentär. Es finden sich kaum vollständige Sätze darin. Das Vokabular ist eingeschränkt. Die generelle positive Beurteilung ist „cool“ oder gelegentlich „mega“.

Bei der virtuellen Kommunikation fehlt etwas Entscheidendes: Die Kinder lernen nicht zu fragen. Sie nehmen die Welt so hin, wie sie sich ihnen bietet, und gestalten sie nicht aktiv durch ein lebendiges Gespräch mit Fragen und Antworten.

Auch später, in ihrer Jugend, werden sie Ähnliches erleben: In der Disco ist es so laut, dass keiner den anderen versteht. Auch hier sind Gespräche nicht möglich.

Kommunikation im Beruf bewusst gestalten

Unsere Arbeitswelt hat sich vor allem in den letzten zwanzig Jahren deutlich verändert. Wo früher Menschen direkten Kontakt hatten und sich persönlich ausgetauscht haben, findet anstelle der mündlichen oder doch zumindest fernmündlichen Kommunikation per Telefon ein Austausch über E-Mail statt. Doch es gibt eine Kehrseite der ansonsten so praktischen Vernetzung. In der Zeit der Pandemie ist bei etlichen die Zahl der virtuellen Besprechungen deutlich gestiegen. Als Folge davon sind Kollegen oft schwerer zu erreichen als früher. Oft probiert jemand gar nicht erst, eine Kollegin zu erreichen, um mit ihr zu sprechen.

Entweder er unterlässt es und ihm fehlt weiterhin eine Information, oder er schaut in ihren elektronischen Kalender, findet eine Terminlücke – und setzt kurzerhand ein ZOOM-Meeting von dreißig Minuten mit ihr an. So verfügt er über ihre Zeit für etwas, was er mit ihr vielleicht in fünf Minuten hätte klären können.

Solche Beispiele missglückter interner Kommunikation beklagen viele Mitarbeiter und Mitarbeiterinnen aus großen Unternehmen. Effiziente Kommunikation sieht anders aus. Die neuen Gegebenheiten und die neuen Möglichkeiten erfordern einen neuen Umgang mit der Kommunikation. Es gilt, sie neu zu entdecken und bewusst zu gestalten.

Herausforderung Homeoffice

Auch das Homeoffice ist eine Neuentwicklung. Hier hat uns die Corona-Pandemie neue Möglichkeiten eröffnet. Viele Arbeitsplätze sind von der Firma in die Wohnzimmer der Mitarbeiter verlegt worden. Das ist zum Teil sehr praktisch. Es spart die Anfahrtszeiten und entlastet die Umwelt von Autoabgasen. Mütter und Väter können nebenher ihr Kind beobachten und sich die Arbeitszeiten nach den familiären privaten Bedürfnissen einteilen. Die Firma spart Büroplatz ein. Diese Vorteile werden manche Firmen und deren Mitarbeiter auch nach Corona gerne weiter nutzen. Was manche früher als Notlösung ansahen, bewährt sich nun in vielen Situationen.

Freilich ist zu sehen, dass nicht alle Familien das Extra-Zimmer für Bürotätigkeiten haben. Da wird der Wohnzimmertisch oder der Küchentisch auf einmal zum Arbeitsplatz für mehrere Familienmitglieder. Hier leisten viele Familien Großartiges. Diese Situation geht mit einem großen Umdenken und Neu-Lernen einher.

Neben den sachlichen Informationen geht es bei der Arbeit auch um die persönlichen Kontakte und die Beziehungen, die die einzelnen an einer Kommunikation Beteiligten miteinander haben. Manches, was im direkten Kontakt vor Ort selbstverständlich ist, entfällt beim Homeoffice. Die Mitarbeiter kommen nicht mehr am gemeinsamen Arbeitsplatz zusammen. So entfällt der kleine Schwatz zwischendurch, der für die Beziehungsebene jedoch wichtig ist. Neue Mitarbeiter kommen dazu, ohne dass die Kollegen und Kolleginnen sie kennenlernen. Kollegen, mit denen wir vielleicht jahrelang zusammengearbeitet haben, verschwinden, ohne dass wir Gelegenheit hatten, uns von ihnen zu verabschieden. So verarmen die Kontakte durch eine fehlende Kommunikation. Das kann sich schnell nachteilig auf das Betriebsklima auswirken. Menschen wollen sich gesehen fühlen. Sie wollen mit anderen in Beziehung sein. Ansonsten leiden sie und damit auch ihre Motivation und ihre Kreativität.

Firmen sind gut beraten, der Kommunikation erhöhte Aufmerksamkeit zu schenken. Das gilt auch für jeden Einzelnen. Es ist ratsam, auf scheinbare Details zu achten. Sie sind Ausdruck von etwas Größerem. Wenn beispielsweise bei internen E-Mails die Anrede und auch eine persönliche Schlussformel fehlen, bleibt nur noch die nüchterne Sachinformation: „Bitte Auftrag bis heute Abend bearbeiten.“ Dem folgt dann nur die automatische E-Mail-Signatur. Eine solche Kommunikation wirkt lieblos und hat nachteilige Folgen. Das geht auch anders! Manche Schreiber schaffen eine persönliche Anrede und eine verbindliche Anmerkung. Der Leser nimmt das sehr wohl wahr und ist dankbar. Aber das erfordert eine Kultur, die gepflegt sein will.

Es gibt nicht nur Einzelpersonen, sondern auch einige Firmen, die diesem Thema eine hohe Priorität schenken. Das ist ein guter Anfang. Als Gesellschaft haben wir hier noch viel zu lernen, damit wir mit der räumlichen Distanz nicht den menschlichen Kontakt verlieren und noch eine bewusste Begegnung mit dem Angeschriebenen haben.

Kommunikation ist Begegnung – auch wenn sie virtuell ist. Unsere geschriebene Botschaft wird von einem lebendigen Leser empfangen.

Er will wahrgenommen und gewürdigt werden – über die inhaltliche Information hinaus. Hier sehen wir mit Lingva Eterna unseren Auftrag.

Ein Beispiel für gelungene Kommunikation

Ich berichte ein Beispiel, das mir nach vielen Jahren noch lebhaft im Gedächtnis ist. Es zeigt, wie einfach Kommunikation sein kann, wenn wir im rechten Moment aufmerksam sind.

Über viele Dienstjahre hatte ich Kontakt zu einem Mitarbeiter der für meine Klinik zuständigen Verwaltungsbehörde. Als ich ihn das erste Mal anrief, meldete sich ein nüchterner, eher unfreundlicher Mann mit einer trockenen Stimme: „Ackermüller." Ich bat ihn um eine allgemeine Auskunft in einer Personalsache. Er beantwortete meine Frage erschöpfend mit wenigen Sätzen. Ich bedankte mich artig und sagte ihm, dass er mir sehr geholfen habe. Tatsächlich konnte ich mit seinen Angaben etwas anfangen. Einige Zeit später hatte ich eine viel kompliziertere Frage und ich rief etwas unsicher wieder Herrn Ackermüller in der nämlichen Behörde an. Dort meldete sich wieder die recht nüchterne Stimme, die ich schon kannte. Ich wusste, dass ich bei solchen Fragen bei Behörden auf das Wohlwollen der angesprochenen Person angewiesen war, wenn ich etwas erfahren wollte. Ich sagte: „Lieber Herr Ackermüller, ich habe Sie vor einiger Zeit wegen einer Frage angerufen und Sie haben mir eine hilfreiche Antwort gegeben. Heute habe ich eine viel schwierigere Frage und Sie sind vielleicht der einzige Mensch, der mir dazu etwas Kluges sagen kann."

Dann machte ich eine Pause. Auch er brauchte etwas Zeit, bis er – diesmal mit einer freundlicheren Stimme – sagte: „Schau mer mal." Ich hatte spontan das Gefühl, dass ich etwas richtig gemacht hatte. Dann erzählte er mir genau und mit freundlichen Worten alles, was ich dazu wissen musste. Das war mehr, als ich erwartet hatte. Er verabschiedete mich mit den Worten: „Also, Herr Doktor, wann´s wieder amal was brauchen, dann rufen´s mich ruhig wieder an."

Das tat ich in den folgenden Jahren öfters und er gab mir immer hilfreiche Auskünfte. Ein paar Jahre später rief mich Herr Ackermüller von sich aus an. Er entschuldigte sich für die Störung und erzählte mir, dass er nächste Woche in Pension gehe. Er wolle sich von mir verabschieden und sich für die gute Zusammenarbeit bedanken. Also so etwas ist mir bei einer vorgesetzten Behörde noch nie passiert! Ich wünschte ihm von ganzem Herzen alles Gute. Gesehen hatte ich Herrn Ackermüller nie.

Persönliche und wissenschaftliche Wurzeln

Mechthild R. von Scheurl-Defersdorf

Mein familiärer und beruflicher Hintergrund

Ich bin in Nürnberg groß geworden und gehöre einer alten Patrizierfamilie an. Von klein auf lernte ich, dass es wichtig ist, sich für das Gemeinwohl einzusetzen und eigene Belange in die zweite Reihe zu stellen. Noblesse oblige. Dazu gehören Anstand und Zivilcourage. Werte und Bildung hatten und haben in meiner Familie einen hohen Stellenwert. Beide Großväter waren Professoren, der eine für Neues Testament und der andere für Kirchen- und Verwaltungsrecht. Eine weitere Prägung erfuhr ich durch den ausgeprägten theologischen Hintergrund meiner Familie: Mein Vater war Theologe und ebenso mein Großvater und mein Urgroßvater mütterlicherseits.

Bei allem freundlichen Umgang wuchs ich in einer Welt des Verschweigens, der Scham und der Leugnung auf. Mir wurde erst spät klar, dass ich ein Kind der Nachkriegszeit bin und all das Unsagbare nur atmosphärisch spürte. Es gab etwas Geheimnisumwittertes. Wenn ich daran rührte, war da eine Mauer des Schweigens und der Ablenkung. Unsägliches Leid blieb unsagbar. Als braves Mädchen fügte ich mich ein und war artig.

Es gab auch viel Schönes. Zu den großen Freuden meiner Kindheit und Jugend zählten die jährlichen, langen Kulturreisen im Sommer, auf die ich meine Eltern schon früh begleiten durfte. Sie führten uns vor allem auf den Balkan und in die Türkei. Staunend erlebte ich die Verschiedenheit der Kulturen und fand mich dort gerne ein. Meine Eltern brachten mir von Anfang an bei, für jedes Land zumindest Grundbegriffe der Landessprache zu erlernen und sie anzuwenden. Ich hatte Freude dabei, mich bereits mit den wenigen Wörtern, die ich verstand und die ich sagen konnte, wirksam auszutauschen. Einmal nahm mich ein griechischer Bauer auf seinem Esel bis weit zu seinem Dorf mit. Ich war etwa dreizehn Jahre alt und genoss mit meinen langen Zöpfen den Ritt und den fröhlichen Wortwechsel mit dem netten Bauern. Das war ein großes Erlebnis für mich und ich erinnere mich noch immer gerne daran. Meine Eltern waren erst aufgeregt und dann glücklich, als ich wohlbehalten wieder bei ihnen war. Ich hatte in meiner Begeisterung ganz vergessen, sie zu fragen, ob ich wegreiten darf. Ich bewunderte meine Eltern, die mir durch ihre Zugewandtheit zu den für uns fremden Menschen ein Vorbild waren, und erlebte mit jeder Sprache und jeder Kultur ein Tor zu einer neuen Welt. Diese Sichtweise hat mich stark geprägt und ist mir bis heute geblieben.

Vor diesem Hintergrund war es für mich naheliegend, nach dem Abitur Fremdsprachen zu studieren. Ich begann mit Englisch und Französisch und nahm nach vier Semestern noch Arabisch dazu. Mich interessierte vor allem die Sprachwissenschaft und weniger die Literaturwissenschaft. Das war im Nachhinein betrachtet eine glückliche Wahl. So konnte ich mir das Wissen aneignen, das ich später für Lingva Eterna brauchen sollte.

Als Terminologin in einem großen Unternehmen

Nach meinem Studium nahm ich in einem internationalen Unternehmen im Bereich Kommunikation eine Stelle als Terminologin an. Terminologen sind dafür zuständig, die Fachausdrücke eines Bereiches zu ordnen, zu speichern und in alle Bereiche eines Unternehmens zu transportieren. Solche speziellen Fachbegriffe gibt es in jedem Bereich der Wirtschaft oder der Wissenschaft. Terminologen arbeiten interdisziplinär, das heißt, ihre Arbeit ist nicht nur auf ein Fachgebiet beschränkt. Sie werten Texte aus und geben die Begriffe, die sie bei ihrer Analyse finden, in Datenbanken ein. Vorher überprüfen sie sie auf ihre Relevanz für das gesamte Unternehmen.

Das Hauptziel ihrer Arbeit liegt darin, dass die Sprache, die in einem Unternehmen verwendet wird, vereinheitlicht wird und nicht jede Abteilung oder jeder Bereich eines Unternehmens einen anderen Ausdruck für ein und dieselbe Sache verwendet. Damit wird die sogenannte Unternehmensterminologie eindeutig und unmissverständlich.

Zu meinen Aufgaben gehörte es, mehrsprachige Glossare mit Fachbegriffen zu erstellen und diese für eine Datenbank vorzubereiten. Zu unseren firmeninternen Kunden gehörten Übersetzer. Sie forderten Fachglossare für ihre jeweiligen Themen an. Damit sparten sie viel Zeit und vermieden Fehler. Denn es war und ist wichtig, dass alle Übersetzer für dieselben Produkte in allen verwendeten Sprachen einheitliche Bezeichnungen haben.

Die mit diesem Beruf einhergehenden Aufgaben waren fachlich vielseitig. Ich hatte Gelegenheit, mich mit vielen Themen auseinanderzusetzen. Es bereitete mir Freude, bei all dieser Vielseitigkeit sprachlich am Detail zu arbeiten. Ich erkannte, wie wichtig eine eindeutige Begrifflichkeit für eine erfolgreiche Kommunikation ist – sowohl im Kleinen innerhalb einzelner Abteilungen als auch im Großen im internationalen Geschäft.

Meine Erfahrungen als Terminologin haben meinen Blick auf Sprache und Kommunikation geweitet. Gleichzeitig haben sie mich in der Arbeitsweise auf eine neue Art ins Detail und in die Tiefe geführt.

Sprache als Spiegel der Lebenssituation

Tiefgreifende Erfahrungen in meinem Privatleben ließen mich noch weiteres Grundlegendes zur Sprache kennenlernen. Mein Mann erkrankte schon in jungen Jahren schwer an einem chronischen Leiden und brauchte zunehmend Hilfe. Diese Situation stellte uns vor eine große Herausforderung. Anfangs konnten wir so tun, als ob nichts wäre. Die Strategie des Verdrängens und Überspielens war mir als Nachkriegskind von klein auf vertraut. Eine andere Möglichkeit kannte ich damals nicht. Doch dann nahmen seine gesundheitlichen Schwierigkeiten weiter zu, und das Leben gab uns eine ultimative Aufforderung, die Sprachlosigkeit zu überwinden und uns dem zu stellen, was das Leben von uns forderte, nämlich die Wahrheit zur Sprache zu bringen. Das gelang uns immer besser.

Im Nachhinein betrachtet war dies die Zeit, in der ich aufwachte. Ich begann, über Menschen und Dinge nachzudenken, die ich vorher übersehen oder für selbstverständlich gehalten hatte. Und anderes, was mir bis dahin wichtig gewesen war, erschien auf einmal als nebensächlich. Aus dem ehedem braven Mädchen wurde eine tatkräftige, zupackende

Frau, die vieles kritisch hinterfragte. Ich betrachtete alles in meinem Leben mit neuen Augen und war bereit, neue Wege zu gehen.

Die Schwierigkeiten meines Mannes nahmen zu und waren nicht mehr zu übersehen. Er war mittlerweile auf einen Rollstuhl angewiesen. Eine Ärztin sagte zu mir: „Junge Frau, so wie Sie reden, denken Sie falsch. So können Sie Ihr Paket nicht tragen. Lernen Sie neu zu denken!" Damals sprach ich sehr schnell und fast ohne Pausen. In meinen wenigen Sätzen kamen häufig die Wörter „müssen", „Problem", „leider" und „schwierig" vor. Diese Wörter waren in jener herausfordernden Zeit Ausdruck meines Denkens und Fühlens. Sie waren ein Spiegel meiner Lebenssituation.

Die Bemerkung der Ärztin war der entscheidende Hinweis für mein weiteres Leben. In diesem Moment bekam die Sprache für mich eine noch viel größere Bedeutung, als sie es jemals gehabt hatte. Ich begann auf eine ganz neue Weise auf meine Sprache zu achten. Ich fing an, laut zu denken und meine Sätze langsam zu sagen. Dann wiederholte ich sie ein-, zweimal, bis ich genau wusste, was ich sage. Ich entdeckte Wort für Wort meine eigene Sprache, meinen Wortschatz – und mein Denken.

Ich bin dieser mutigen Ärztin noch heute zutiefst dankbar. Nun wusste ich, was ich machen sollte.

Der Beginn von Lingva Eterna

Bald nach der Begegnung mit der Ärztin war es so weit. Ich hatte eine bahnbrechende Erkenntnis. An diesen Moment erinnere ich mich so, als ob er gerade erst gewesen wäre: Mitten in einem Spaziergang wurde mir das Grundprinzip von Lingva Eterna bewusst: das Entsprechungsprinzip. Diese Bezeichnung gebrauchte ich erst Jahre später. Mir fehlte dafür am Anfang das richtige Wort.

Das Entsprechungsprinzip

Das Entsprechungsprinzip lag für mich da wie ein offenes Buch: Es gibt eine Wechselwirkung zwischen der Sprache, die ein Mensch spricht, und dem, was er erlebt oder schon erlebt hat. Das Leben hinterlässt in der Sprache eines Menschen Spuren. Die individuelle Sprache eines Menschen findet in seinem Leben eine Entsprechung.

Mir war sofort klar, dass es möglich sein würde, mit der Sprache in beiden Richtungen anzusetzen: Was für die Vergangenheit und Gegenwart gilt, das gilt auch für die Zukunft. Die Einsicht in das Entsprechungsprinzip war für mich damals völlig neu – und gleichzeitig waren die Zusammenhänge für mich sofort völlig logisch.

Ich erkannte: Es gibt eine Sprache, die aufbaut und nährt, und es gibt eine Sprache, die Kraft kostet und herunterzieht. Die Kraft der Sprache wirkt immer. Jedes Wort hat eine Wirkung und schafft Wirklichkeit. Alles erschien mir auf einmal als offensichtlich: Es gibt eine Sprache der Glücklichen, und ebenso gibt es eine Sprache derer, die sich als Pechvögel und Benachteiligte sehen.

Glück beginnt beim Denken und Sprechen. Gesundheit beginnt beim Denken und Sprechen, alles Erfreuliche, Erstrebenswerte im Leben beginnt beim Denken und Sprechen: Lebensfreude, Familie und Partnerschaft, Gemeinschaft, Frieden, die Freiheit, die Menschlichkeit, Gemeinschaft und Wohlbefinden und alle schönen Seiten des Lebens. Das gilt ebenso für die dunklen Seiten des Lebens: Auch Missmut, Unglück, Krankheit, Streit und Zwietracht, Aggression, Krieg, Machtmissbrauch, Unterdrückung und Ausgrenzung und Missstände aller Art beginnen beim Denken und Sprechen.

Es sind nicht nur die Themen, von denen Menschen sprechen, die ihr Leben prägen. Es ist die Sprache, die sie tagtäglich gebrauchen. Die Sprache eines jeden Einzelnen prägt dessen eigenes Leben, und der kollektive Sprachgebrauch einer Gesellschaft hat eine Wirkung auf die gesamte Gesellschaft. Es liegt an jedem selbst, wie er spricht. Jeder hat die Wahl!

Die Kraft der Sprache ist ein Geschenk für alle, ohne jegliche Ausnahme. Sie wartet nur darauf, dass wir sie erkennen und für uns in Anspruch nehmen. Alle Menschen sind dazu in der Lage – sie müssen nur wissen, auf was sie in ihrer Sprache achten können. Sie brauchen eine Möglichkeit, davon zu erfahren.

Mir kam bei jenem Spaziergang spontan der Beginn des Johannesevangeliums in den Sinn: „Im Anfang war das Wort." Wie wahr diese Aussage doch ist! Das war Mitte der neunziger Jahre. Ich spürte von Anfang an, welches Potenzial in diesem Zugang zur Sprache enthalten ist, und wollte meine Erkenntnis mit anderen Menschen teilen. Doch war es mir damals noch nicht möglich, sie anderen begreiflich zu machen. Sie verstanden mich nicht. Es sollte noch einige Jahre dauern, bis mir das gelang.

Eine glückliche Fügung

2003 – etwa sieben Jahre später – lernten Theodor von Stockert und ich uns auf dem Symposium der jährlich veranstalteten „Brainweek" in Nürnberg kennen. Bei dieser Veranstaltung geht es um die Belange von Menschen mit einer Schädigung des zentralen Nervensystems (ZNS) infolge von Krankheit oder Unfall. Zu dieser Veranstaltung laden Selbsthilfeorganisationen Therapeutinnen und Therapeuten, Betroffene und ihre Angehörigen ein. Theodor von Stockert war der Schirmherr der Veranstaltung und ich war Referentin. Er leitete zu jener Zeit noch die von ihm konzipierte Klinik für neurologische Rehabilitation in Erlangen.

Wir kamen aus zwei unterschiedlichen fachlichen Bereichen und fanden es von Anfang an interessant, uns zu meinem sprachlichen Konzept auszutauschen. Theodor von Stockert hörte sich meine Gedanken zur Kraft der Sprache und zur Wirkung von Wörtern und einzelnen Vorsilben interessiert an und erfasste schnell den Kern meines Anliegens.

Bei einer unserer ersten Begegnungen saßen wir auf meiner Terrasse und ich erklärte ihm im Brustton der Überzeugung, dass jeder und jede mit meinem Sprachkonzept sein Lebensskript wandeln kann. Darauf schaute er mich erstaunt an und sagte nachdenklich: „Das kann nur eine schwere Krise ermöglichen oder ein gottbegnadeter Therapeut! Erzähle mir mehr!"

Je länger er zuhörte, desto mehr öffnete er sich meinen Gedanken. Dann erklärte er mir, dass der Begriff „Lebensskript" ein Fachbegriff aus der Transaktionsanalyse ist. Das war mir neu. Ich erfuhr, dass er hierzu eine Ausbildung gemacht hatte.

In seiner Berufslaufbahn hatte er als Arzt und Neurowissenschaftler bereits viel mit Sprache und Sprachstörungen zu tun gehabt. So kam eines zum anderen. Der Zufall wollte es, dass er mit dem Ende des Jahres 2003 in Pension ging. Er hatte sich schon gefragt, welcher lohnenden Aufgabe er sich danach zuwenden könne. Theodor von Stockert entschloss sich, mit mir an meinem Konzept weiterzuarbeiten. Es ist schier unglaublich, wie viel er nach einer erfolgreichen Laufbahn als Arzt und Neurowissenschaftler in einer zweiten Karriere bewegt hat und noch immer bewegt. Das machen wir nun schon seit neunzehn Jahren und freuen uns an den Ergebnissen. In unserem gemeinsamen Wirken ist daraus ein großes Werk geworden. Ich sehe mit Dankbarkeit, wie sich alles gefügt hat und auch weiterhin fügt.

Theodor von Stockert

Hin und wieder fragen uns Teilnehmer unserer Seminare, wie wir dazu kamen, uns innovativ mit Sprache zu befassen. Bei Mechthild von Scheurl-Defersdorf ist das einfach zu beantworten: Sie hat Sprachwissenschaften studiert, auch wenn sie dabei nicht das gelernt hat, was sie später entwickelt hat. Doch war sie von vornherein nahe am Thema. Bei mir war das komplizierter.

Mein familiärer und beruflicher Hintergrund

Mein Vater war Arzt, Professor für Nervenheilkunde. Mein mütterlicher Großvater und mein väterlicher Urgroßvater waren das auch. Alle drei hatten sich unter anderem mit psychischen Ausfällen bei Hirnerkrankungen befasst. Sie nannten das damals Gehirnpathologie. Das war ein Nebenfach der klinischen Psychiatrie. Heute ist es als Neuropsychologie ein eigenes Fachgebiet mit einem großen Anteil an wissenschaftlicher Forschung, die oft nicht mehr von Medizinern, sondern von Psychologen geleistet wird.

Ich habe nach meiner medizinischen Grundausbildung eine Stelle an der „Klinik für Sprachgestörte an der Rheinischen Landesklinik für Psychiatrie“ in Bonn – heute „Rheinische Landesklinik Bonn (RLK), Abteilung für Sprachstörungen“ – angetreten. Dort wurden fast ausschließlich Patienten nach Schlaganfällen oder Hirnverletzungen behandelt, die an einer Störung ihrer Sprache litten (Aphasie). Sie fanden die Wörter nicht mehr oder hatten Störungen im Satzbau; sie konnten sich nur sehr unvollkommen ausdrücken und manche von ihnen konnten nicht verstehen, was man zu ihnen sagte. Dieses Thema reizte damals nur wenige junge Ärzte. Die befassten sich lieber mit sozialpsychiatrischen Fragen im Rahmen der Behandlungen von schizophrenen Patienten oder der Freud'schen Psychoanalyse, die nach dem Zweiten Weltkrieg allgemeine Anerkennung fand.

Die Neurologie entwickelte sich etwa ab 1960 zu einem eigenen Fach der Apparatemedizin mit neuen elektrophysiologischen und bildgebenden Verfahren wie Computertomografie und Kernspintomografie. Das war fortschrittlich und hat eindrucksvolle praktische Erfolge in der Diagnostik und der Therapie zerebraler Erkrankungen gebracht. Für eine differenzierte Lokalisation von Hirnleistungen und spezielle Aspekte von zerebralen Sprachstörungen interessierten sich damals nur wenige Ärzte.

Bereits zu Beginn des 19. Jahrhunderts gab es Wissenschaftler, die versuchten, auf der menschlichen Hirnoberfläche Orte abzugrenzen, denen sie bestimmte Eigenschaften zuordneten. Sie nannten sich Phrenologen. Ein bekannter Vertreter war der aus Wien stammende und in Paris arbeitende Franz Josef Gall (1758–1828). Auch in England gab es Verfechter dieser Lehre. Sie fertigten Modelle und Hirnkarten an, auf welchen sie Eigenschaften wie die Tapferkeit und die Freundesliebe und zahlreiche weitere Fähigkeiten „lokalisierten“. Solche Hirnkarten waren damals außerordentlich populär, entbehrten aber einer wissenschaftlichen Grundlage.

Professor Meynert (1833–1892) war ein berühmter Nervenarzt und Neuroanatom in Wien. Er hielt den Phrenologen entgegen, dass die von ihnen angegebenen menschlichen Fähigkeiten und Eigenschaften nur willkürlich sprachlich abgegrenzte Eigenschaften seien und dass das Gehirn in seinem Aufbau und seiner Funktion nicht danach organisiert sei. Er glaubte, dass es allenfalls möglich sei, sehr grobe allgemeine funktionelle Aspekte auf der Hirnoberfläche zu lokalisieren. Und hierfür fand er aus seinen Beobachtungen einen groben Anhalt. Er unterschied zwei wesentliche Grundfunktionen des Gehirns: motorische und sensorische. Und er fand heraus, dass die große Sylvische Furche[2] und ihre Verlängerung nach hinten oben beide Funktionen voneinander trennen. Was darüber liegt, gehört im weitesten Sinne zur Motorik, und was darunter liegt, gehört zum sensorischen Bereich. Diese grobe

2 Die Sylvische Furche ist eine Furche an der Seite des Großhirns. Sie trennt den Frontallappen und Parietallappen (Scheitellappen) vom Temporallappen (Schläfenlappen).

Differenzierung gilt im Wesentlichen auch heute noch. Die einen Patienten können in Bezug auf die Sprachstörungen nur wenig und mühsam sprechen; die anderen reden manchmal viel, aber irgendwie durcheinander, und vor allem verstehen sie oft nicht, was andere Menschen ihnen sagen.

Bei Untersuchungen an verstorbenen Patienten zeigten sich bei diesen beiden Formen der Aphasie unterschiedliche Läsionen an den Gehirnen. Diejenigen, welche wenig sprechen konnten, hatten eine lokale Schädigung am Fuß der dritten Windung des linken Stirnlappens, also oberhalb der Sylvischen Furche; die anderen hatten eine Läsion an der ersten Windung des linken Schläfenlappens, also unterhalb der Sylvischen Kurve. Dass dabei in den meisten Fällen die linke Hirnhälfte betroffen war, war bereits bekannt gewesen. Die motorische Aphasie hatte schon der französische Chirurg Paul Broca (1824–1880) beschrieben. Der deutsche Neurologe und Psychiater Carl Wernicke (1848–1905) hat mit der Beschreibung der dann nach ihm benannten Form die sensorische Aphasie dargestellt.

Obwohl schon bald Fälle publiziert wurden, die nicht den Befunden von Wernicke entsprachen, wurde das Modell von Wernicke im Wesentlichen beibehalten. Dennoch wurden auch weiterhin immer wieder neue Befunde darüber bekannt, dass die sogenannten motorisch-aphasischen Patienten eben doch auch gewisse Sprachverständnisstörungen hatten. Ich wollte wissen, welcher Art diese Sprachverständnisstörungen sind und in welcher Weise sie sich von denen der Wernicke-Aphasiker unterscheiden.

Auch bei dem, was diese sensorischen Aphasiker sagten, fehlten unterschiedliche Anteile der normalen Sprache. Die motorisch-aphasischen Patienten sprachen mit Sätzen im Infinitiv und es fehlten alle Flexionen. Die Beschreiber bezeichneten das als „Agrammatismus“. Ihre Sprachverständnisstörungen fielen weniger auf als die bei den Wernicke-Aphasikern. Deren Sprache war verworren und es fehlten die sinntragenden Wörter.

Für meine Forschung entwickelte ich ein spezielles Untersuchungsmaterial. Damit gelang es mir zu zeigen, dass Wernicke-Aphasiker Schwierigkeiten mit ihrem inneren Lexikon hatten. Das heißt, dass sie die Bedeutung von sinntragenden Wörtern wie Substantiven und Verben nicht sicher erfassten. Diese sinntragenden Wörter fehlten auch in ihren sprachlichen Äußerungen, oder sie ersetzten sie durch falsche und unbekannte Wortbildungen. Ihre Aussagen waren oft verworren. Sie enthielten zwar viele syntaktische Elemente, doch ergaben die Sätze oft keinen Sinn.

Bei den motorischen Aphasikern war es anders. Sie verstanden die Bedeutung der einzelnen Wörter und erfassten den wesentlichen Sinn einer Aussage. Jedoch hatten sie mit dem Satzbau Schwierigkeiten. Wenn das Verständnis in einem Satz von der grammatischen Konstruktion abhing, dann konnten sie den Sinn nicht erfassen.

Ich legte einem Broca-Aphasiker zwei Abbildungen vor. Auf der einen jagt ein Hund eine Katze und auf der anderen jagt eine Katze den Hund. Dann fragte ich: „Zu welchem Bild passt der Satz: Es wird der Hund von der Katze gejagt?" Auf diese Frage konnte er nicht klar reagieren, weil syntaktische Relationen für ihn nicht interpretierbar waren. Er verstand nur „Katze" und „Hund".

Dem Wernicke-Aphasiker legte ich auf Wortkärtchen geschriebene Satzteile wie „Das Wampel / wird / gewampelt" vor und gab ihm die Aufgabe, er möge diese zu einem Satz zusammenfügen. Der Wernicke-Aphasiker macht dies, ohne zu zögern, weil er die syntaktischen Flexionsformen erkennt und nicht nach sinntragenden Wörtern sucht, die ihm oft nichts bedeuten. Er hat überraschenderweise ein isolierbares Verständnis für syntaktische Relationen. Das war natürlich sehr erstaunlich.

Diese Untersuchungen haben gezeigt, dass das Wernicke-Konzept mit der Unterscheidung von motorischer und sensorischer Aphasie so nicht taugt. Das Gehirn unterscheidet nicht nach den physiologischen Bedingungen, sondern nach rein sprachlichen Kriterien. Das bedeutet darüber hinaus, dass linguistische Modelle auch konkrete Hinweise auf die Arbeitsweise unseres Gehirns geben können.

Später haben zahlreiche experimentelle Untersuchungen die unterschiedliche Lokalisation von Lexikon und Syntax bestätigt.[3] Anfangs zweifelten andere Autoren mein neues Konzept für das Verständnis der zerebralen Sprachstörungen an, doch es bestätigte sich immer wieder.

Mit meiner Erkenntnis, dass Lexikon und Syntax im Gehirn unterschiedlich lokalisiert sind, habe ich meinen eigenen Beitrag zur Ge-

---

3 Angela Friederici: Language in our Brain, The MIT Press, Cambridge Massachusetts, London England 2017.

schichte der Aphasien geleistet. Die Differenzierung von Syntax und Lexikon sollte in meiner eigenen Entwicklung und auch wesentlich später bei der Entstehung des Lingva Eterna Konzeptes noch einmal eine zentrale Rolle spielen.

Nach den gemachten Erfahrungen hatte ich auch als Mediziner begriffen, dass ich bei der Behandlung von Aphasikern mit nur medizinisch-physiologischen Vorstellungen nicht weiterkam. Daher habe ich mich bei den Linguisten umgesehen, was ich dort finde.

Der Beitrag der Linguisten zum Verständnis der Sprache

Die Sprache ist ein Ausdruckssystem, das sich nicht aus der Mathematik oder anderen strukturierten Systemen ableiten lässt. Sie ist etwas spezifisch Menschliches. Tiere verständigen sich auch über gewisse Zeichen, die sie darstellen und auch irgendwie verstehen. Diese Zeichen haben jedoch nicht die Differenzierung, den Umfang und die Flexibilität der menschlichen Sprache. Verschiedene Gruppierungen von Menschen in verschiedenen Regionen dieser Erde sprechen sehr unterschiedliche Sprachen. Diese Sprachen haben alle ihre eigene Entwicklung und Geschichte, so wie die Gruppen von Menschen, die wir als Völker bezeichnen, eine eigene Geschichte haben. Es sind weit über sechstausend verschiedene Sprachen, wobei ihre Zahl beständig abnimmt. Es gibt Sprachen, die nur noch wenige Menschen sprechen[4] – und alle Sprachen sind das Werk von Menschen.

Sprachwissenschaftler befassen sich mit verschiedenen Aspekten von Sprache. Dazu gehören Phonetik (Lautgeschichte), Etymologie (Herkunft der Wörter), Lexikon und Wortbildung, Satzbau, Grammatik, Übersetzung, Kommunikation, Sprache und Gesellschaft u. a.

Als Beginn der modernen Sprachwissenschaft werden oft die Brüder Grimm im 19. Jahrhundert angegeben. Vielen sind sie als Sammler von deutschen Märchen bekannt. Jakob Ludwig Grimm (1785–1863) war ein deutscher Jurist und Sprach- und Literaturwissenschaftler. Er gilt als Begründer der deutschen Philologie und Altertumswissenschaft. Er hat sich mit der Entwicklung des Deutschen aus dem Althochdeutschen und Mittelhochdeutschen, mit Lautverschiebungen und Dialekten befasst. Sein

4 Evens, Nicolas: Wenn Sprachen sterben. München 2014.

Lebenslauf und Werk ist eng mit dem seines um ein Jahr jüngeren Bruders Wilhelm verbunden. Beide werden meist zusammen genannt.

Wohl gab es in Deutschland schon sehr viel früher in mittelalterlichen Klöstern Mönche, die sich über Grammatiktheorien Gedanken gemacht haben wie Thomas von Erfurt um das Jahr 1300. Dies vollzog sich allerdings vor dem Hintergrund der damals wissenschaftlichen Universalsprache, des Lateinischen.

Die Sprachwissenschaften sind vor allem im 20. Jahrhundert zu einem umfangreichen Gebiet angewachsen. Seit den sechziger Jahren des letzten Jahrhunderts haben wir den amerikanischen Begriff „Linguistik" übernommen.

Linguisten befassen sich mit der Entstehung und Entwicklung von menschlichen Sprachen sowie mit deren vielseitigem Gebrauch in der Gesellschaft, der Finanzwelt, der Politik, der Wirtschaft und Technik und allen Bereichen der mündlichen und schriftlichen Kommunikation.

Mich haben bei der Linguistik zunächst vor allem die sprachstrukturellen Aspekte interessiert. Ich erhoffte mir mit Blick auf den Agrammatismus der Aphasiker wertvolle Einsichten und Impulse und bekam sie auch. Danach veröffentlichte ich gemeinsam mit dem Linguisten Claus Heeschen eine Arbeit mit dem Titel „Eine linguistische Methode zur Untersuchung von Aphasikern".[5]

Damals befassten sich nur wenige Mediziner mit linguistischen Fragen. Ich fand jedoch ein bemerkenswertes Buch des Prager Neurologen Prof. Arnold Pick. Er brachte 1913 eine Monografie „Die agrammatischen Sprachstörungen" heraus.[6] Er bedauerte damals, dass sich so wenige Ärzte mit sprachlichen Aspekten befassten, und forderte mehr Zusammenarbeit mit den Psychologen. Eine Patholinguistik, also eine Linguistik, die sich mit Sprachstörungen beschäftigt, gab es zu jener Zeit noch nicht.

Ich blieb bei allem Interesse für die Linguistik bei den sprachstrukturellen Aspekten. Andere Bereiche der Linguistik, wie die Semantik und die sprachliche Performanz (die Umsetzung in die lautsprachliche Form), wurden für mich erst viel später im Zusammenhang mit Lingva Eterna interessant.

---

5 Stockert, Theodor von/Heeschen, Claus: Eine linguistische Methode zur Untersuchung von Aphasien. Nervenarzt 42, 305-311.

6 Pick, Arnold: Die agrammatischen Sprachstörungen. Berlin 1913.

Lexikon und Syntax aus linguistischer Sicht

Alle Sprachen beinhalten eine vom System her offenbar nicht begrenzte Anzahl von Einzelelementen, die für sich allein Bedeutung haben können. Das heißt, sie stehen für etwas, das sie bezeichnen. Das sind Wörter wie Substantive (z. B. Baum), Verben (z. B. wachsen) und Adjektive (z. B. schön). Das ist das sogenannte „innere Lexikon". Jede Sprache hat eine eigene Sammlung von solchen Bedeutungselementen. Die Einzelelemente haben in einer anderen Sprache ein entsprechendes Element, das zumindest annähernd die gleiche Bedeutung hat. Das ermöglicht uns, Texte von einer Sprache in eine andere zu übersetzen. Diese Analogie hat allerdings ihre Grenzen.

Jeder, der einmal bei einem Gedicht das Original mit seiner Übersetzung in eine andere Sprache vergleicht, weiß, dass das manchmal etwas unbefriedigend ist, doch für den üblichen Sprachgebrauch genügt es meist. Das heißt, dass wir für ein englisches Wort in der Regel ein bedeutungsgleiches Wort im Deutschen finden.

Außerdem haben alle Sprachen ein Regelsystem für die Anordnung dieser Bedeutungselemente in einem Satz, eine Syntax. Diese Regelsysteme sind in verschiedenen Sprachen sehr unterschiedlich.

Zwei herausragende Linguisten öffneten mir den Blick für die Bedeutung von Lexikon und Syntax aus linguistischer Sicht: Noam Chomsky und Roman Jakobson.

Noam Chomsky

Der Linguist Noam Chomsky (*1928) hat mit seiner Generativen Grammatik ein faszinierendes System geschaffen. Damit reduziert er Sätze in einer beliebigen Sprache auf eine Basisstruktur und kann sie daraus über spezifische Transformationsregeln in die Syntax einer beliebigen anderen Sprache überführen. Ich demonstriere dies am Beispiel eines Satzes: „Ich rufe Mechthild an, um sie zu fragen, wer der Autor des Buches sei, von dem sie gestern in einer Konzertpause sprach." Das ist die Oberflächenstruktur. Nun löse ich den Satz auf und mache seine Tiefenstruktur sichtbar: „Mechthild und ich waren gestern in einem Konzert. Bei dem Konzert gab es eine Pause. Mechthild sprach von einem Buch. Wer ist der Autor? Ich rufe Mechthild an." Aus dem einen Satz mit drei Nebensätzen wurden fünf Sätze. Mir wurde in diesem Zusammenhang bewusst, wie komplex alltägliche Sätze sind. Ich sah auch, auf welche Weise ich sie vereinfachen kann. Das war mir mit Blick auf Menschen mit Störungen des Sprachverständnisses wichtig.

Chomskys Generative Grammatik gilt zumindest für alle europäischen Sprachen. Nicolas Evans beschreibt in seinem Buch zu den circa sechstausend noch gesprochenen Sprachen der Welt indigene ostasiatische und mittelamerikanische Sprachen und ihren Aufbau.[7] Sie haben eine vollkommen andersartige Grammatik, die nicht den europäischen Standards entspricht.

Roman Jakobson

Roman Jakobson (1896–1982) war ein Linguist von erstaunlicher Kreativität und Vielfalt. Als gebürtiger Russe gründete er 1926 mit dem russischen Linguisten und Ethnologen Nikolai Sergejewitsch Trubetzkoy (1890–1938) den Prager Linguistenkreis, er interessierte sich für Sprachphilosophie und Poesie. Er hatte in Tschechien, dem damaligen Mähren, in der Zeit der deutschen Annexion einen Lehrstuhl. Von dort floh er als Jude vor den Nazis nach Kopenhagen und gelangte schließlich in die USA. Dort lehrte er als Professor für Linguistik an der Harvard University und gleichzeitig am Massachusetts Institute of Technology in Cambridge. Er gelangte zu großem Ansehen. 1941 hat er in Kopenhagen in deutscher Sprache eine Arbeit mit dem Titel „Kindersprache, Aphasie und allgemeine Lautgesetze" veröffentlicht.[8]

In einer Arbeit mit dem lettisch-amerikanischen Linguisten Morris Halle (1923–2018), „Fundamentals of Language"[9], sprach er auch von aphasisch gestörten Patienten. Er stellte Sprachbeispiele von den beiden bekannten Aphasietypen dar und bezeichnete dabei zwei Aspekte der Struktur der Sprache als wesentlich: Similarity und Contiguity (Ähnlichkeit und Zusammenhang). Er bezeichnete die sensorische Aphasie als „similarity disorder" und die motorische Aphasie als „contiguity disorder".

Similarity ist kein linguistisch definierter Begriff. Vom Wortsinn her handelt es sich um einen Selektionsprozess aus einer Menge von

7 Evens, Nicolas: Wenn Sprachen sterben. München 2014.

8 Jakobson, Roman: Kindersprache, Aphasie und allgemeine Lautgesetze. Frankfurt/Main 1969.

9 Jakobson, Roman/Halle, Moris: Fundamentals of Language. Den Haag 1956.

Elementen einer gleichartigen Kategorie (von Wörtern). Contiguity ist gleichbedeutend mit dem bekannteren Begriff Konstituenz, welcher die syntaktischen Relationen bei der Beschreibung der Struktur von Sätzen darstellt. Mir ist nicht klar, wieso er diese unüblichen Bezeichnungen gewählt hat, wo doch offensichtlich ist, dass sie für die Begriffe Lexikon und Syntax stehen. Dies war für mich die entscheidende Erkenntnis, deren Richtigkeit ich dann mit meinen Untersuchungen mit Aphasikern bestätigte.

Das Thema „Kommunikation" in der Linguistik

Andere Linguisten befassten sich mit dem praktischen Gebrauch der Sprache. Sie betrachten Sprache weniger als abstraktes System, sondern als Handlung. Das ist der Bereich der linguistischen Pragmatik, der mehr mit Kommunikation zu tun hat. Dabei geht es um Fragen wie diese: Wer spricht zu wem? Was will er ihm sagen? Was will er erreichen? Was sagt er dabei über sich selbst? Welche Rolle hat der Sprecher? Welche der Hörer?

Der Sprache als System sind solche Fragen egal.

Benjamin Lee Whorf

Der amerikanische Linguist Benjamin Lee Whorf (1897–1941) entwickelte mit seinem Lehrer Edward Sapir (1884–1939) die Theorie vom sprachlichen Determinismus, die sogenannte „Sapir-Whorf-Hypothese". Die beiden Linguisten glaubten, dass die Sprache eines Menschen auch seine Wahrnehmung, seine Gedanken und sein Erleben prägt. Damit wandten sie sich gegen die natürliche Logik. Zu dieser natürlichen Logik schreibt Whorf in seinem berühmt gewordenen Buch „Sprache, Denken, Wirklichkeit": „Die natürliche Logik sagt uns, das Sprechen sei nur ein beiläufiger Vorgang, der ausschließlich mit der Weitergabe, aber nichts mit der Formulierung von Gedanken zu tun habe. Beim Gebrauch der Sprache wird angeblich nur ausgedrückt, was im Wesentlichen bereits un-sprachlich (vor-)formuliert war. Die Formulierung ist ein unabhängiger Vorgang, genannt Denken, der von der Natur der einzelnen Sprachen weitgehend unbeeinflusst sein soll."[10]

---

10 Whorf, Benjamin Lee: Sprache, Denken, Wirklichkeit. Beiträge zur Metalinguistik und Sprachphilosophie. Reinbek 1963, S. 7.

Whorf hatte dazu eindrückliche Erfahrungen gesammelt. Eine davon stammt aus seiner früheren Tätigkeit als Chemieingenieur. Als solcher war er in einer Feuerversicherung tätig. Ihm war aufgefallen, dass es in einem Betrieb immer wieder zu großen Bränden in den Lagerhallen kam. Dort lagerten leere Fässer. Er konnte sich die häufigen und für die Versicherung teuren Brände nicht erklären und ging zu den Arbeitern. Er fragte sie, was sie in den Hallen lagerten. Ihre Antwort führte ihn weiter: „Das sind leere Benzinfässer!" Whorf war klar, dass die Fässer so gut wie leer waren. Doch enthielten sie nach wie vor ein hoch entzündliches Luft-Gas-Gemisch. Darum bat er die Arbeiter, in Zukunft nur noch von Fässern mit einem Luft-Gas-Gemisch zu sprechen. Das taten die Arbeiter von nun an. Sie hatten damit ein neues inneres Bild von diesen Fässern, die sie täglich bewegten. Das hatte eine starke Wirkung. Durch die Änderung der sprachlichen Formulierung erreichte Whorf eine gravierende Reduktion von Schadensfällen.

Whorf erforschte später auch indigene Sprachen Mittelamerikas. Er erkannte, dass ihre Grammatik und der Aufbau ihres Wortschatzes nicht mit europäischen Sprachen vergleichbar sind. Das war noch, bevor Noam Chomsky in den sechziger Jahren seine Generative Grammatik formulierte.

Ludwig Wittgenstein

Ein weiterer berühmter Linguist ist Ludwig Wittgenstein (1889–1951). Auch er kam ursprünglich aus einem technischen Beruf. Er hat zunächst Ingenieurwissenschaften studiert, sich aber schon frühzeitig für sprachphilosophische Fragen interessiert.

Wittgenstein stammte aus einer Wiener Industriellenfamilie mit jüdischem Hintergrund und gilt als einer der bedeutendsten Philosophen des 20. Jahrhunderts. Er lieferte bedeutende Beiträge zur Philosophie der Logik, der Sprache und des Bewusstseins.

Sein bekanntestes Werk ist die „Logisch-philosophische Abhandlung (Tractatus logico-philosophicus)".[11] Darin legt er dar, dass die Sprache mit dem Denken fest verbunden ist. Drei Zitate demonstrieren Wittgensteins weitreichendes Verständnis zur Sprache: „Wir er-

---

11 Wittgenstein, Ludwig: Logisch-philosophische Abhandlung, W. Ostwald (Hrsg.), Annalen der Naturphilosophie, Band 14, 1921 (Erste Fassung). Wittgenstein, Ludwig: Tractatus logico-philosophicus, Logisch-philosophische Abhandlung. Suhrkamp, Frankfurt am Main 2018 (Aktuelle lieferbare Ausgabe).

kennen nur etwas, das wir auch benennen können", „Philosophische Fragen lassen sich nur lösen, wenn man die Funktionsweise der Sprache versteht" und „Die Bedeutung von Wörtern ist deren praktische Verwendung".[12]

In seinem Hauptwerk unterscheidet er sinnvolle, sinnlose und unsinnige Sätze. Letztere beschreiben keine Wirklichkeit in einem praktischen Sinn. Dazu gehören Aussagen über Ethik und andere theoretische Themen.

Wittgenstein litt sein Leben lang an schweren Depressionen. Seine Familie war ebenfalls davon betroffen und mehrere Brüder begingen Selbstmord. Er selbst wanderte nach England aus und lebte in Cambridge als Lehrer. Er publizierte keine größeren Werke mehr, sondern nur eine Sammlung von Notizen, die zum Teil erst posthum herauskamen.

Paul Watzlawick

Paul Watzlawik (1921–2007) war ein promovierter österreichischer Philosoph, Psychotherapeut und Kommunikationswissenschaftler. Er lebte in seiner Wahlheimat Kalifornien und arbeitete am Mental Research Institute (MRI) in Palo Alto, Kalifornien. Er besaß zusätzlich zu seiner österreichischen auch die amerikanische Staatsangehörigkeit.

Er betrachtete die Sprache als Informationstheoretiker. Er unterschied in der Sprache digitale und analoge Anteile. Dabei sah er die Syntax (den Satzbau) als ein digitales System, das sich in mathematischen Formeln ausdrücken lässt. Die bedeutungsmäßigen Inhalte (Substantive und Verben) lassen sich dagegen in einem analogen System darstellen. Dazu hat er 1969 gemeinsam mit seinen beiden Kollegen Janet H. Beavin und Don D. Jackson ein Buch mit dem Titel „Menschliche Kommunikation" herausgebracht.[13] Darin sprechen sie teils sehr theoretisch über Axiome in der Sprache; andererseits zitieren sie umfangreiche Protokolle von therapeutischen Sitzungen.

Watzlawick wies darauf hin, dass jede Aussage eine Sachebene und eine Beziehungsebene hat. Er betonte, dass wir immer kommunizieren, auch wenn wir es nicht beabsichtigen. Wir können nicht „nicht kommunizieren".

---

12 Wittgenstein, Ludwig: Tractatus logico-philosophicus, Logisch-philosophische Abhandlung, Suhrkamp, Frankfurt am Main 1963.

13 Watzlawik, Paul/Beavin, Janet H./Jackson, Don D.: Menschliche Kommunikation. 13. Auflage, Göttingen 2017.

Seine Unterscheidung zwischen digitalen und analogen Anteilen in der Sprache entspricht bei Lingva Eterna den Begriffen Grammatik und inneres Lexikon.

Victor Klemperer

Victor Klemperer (1881–1960) war ein deutscher Literaturwissenschaftler, Romanist und Politiker. Zu seiner Bekanntheit über die Fachgrenzen hinaus trugen neben seiner Abhandlung „LTI – Notizbuch eines Philologen"[14] (LTI steht für Lingua Tertii Imperii: Sprache des Dritten Reichs) seine ab 1995 unter dem Titel „Ich will Zeugnis ablegen bis zum letzten"[15] herausgegebenen Tagebücher von 1933 bis 1945 bei.

Während der Nazi-Diktatur wurde die deutsche Sprache zu Propagandazwecken missbraucht. Hitler wusste von der Bedeutung der Sprache zum Aufbau und dem Erhalt der Macht und nutzte sie. Victor Klemperer hat diesen Prozess in oben genanntem Buch „LTI – Notizbuch eines Philologen" eindrucksvoll beschrieben. Manches von dieser Sprache des Nationalsozialismus ist uns von der zwangsweisen Eindeutschung auch alltäglicher Wörter erhalten geblieben. Auf der ganzen Welt gibt es ein Telefon, nur in Deutschland ist es einen Fernsprecher. Was woanders ein Radio ist, ist nur in Deutschland ein Rundfunkgerät.

Friedemann Schulz von Thun

Friedemann Schulz von Thun (*1944) ist ein deutscher Psychologe und Kommunikationswissenschaftler. Er studierte in Hamburg Psychologie, Philosophie und Pädagogik, war dann Assistent bei dem Psychologen Reinhard Tausch und promovierte über „Verständlichkeit bei der Wissens- und Informationsvermittlung". Nach seiner Habilitation wurde er in Hamburg zum Universitätsprofessor berufen.

In seinem dreibändigen Werk „Miteinander reden"[16] stellt er das Vier-Seiten-Modell dar, mit dem er bekannt wurde. Er differenziert dabei für jede Kommunikation einen Sachaspekt, einen Aspekt der Selbstoffenbarung, einen Beziehungsaspekt und einen Appellaspekt. Das gilt sowohl für den Sprecher, den er als Sender bezeichnet, als

---

14 Klemperer, Viktor: LTI – Notizbuch eines Philologen. Berlin 1947. (Weitere Ausgaben Halle 1956, Leipzig 1966, Frankfurt a. M. 1966, Stuttgart 2010).

15 Klemperer, Victor: Ich will Zeugnis ablegen bis zum letzten. Tagebücher 1933–1945. Eine Auswahl. Berlin 2007.

16 Schulz von Thun, Friedemann: Miteinander reden. 3 Bände. Reinbek bei Hamburg 2005.

auch für den Hörer der Botschaft, den er als Empfänger bezeichnet.

Im zweiten Band stellt er acht Kommunikationsstile dar, von „bedürftig abhängig“ über „aggressiv entwertend“ bis „mitteilungsfreudig dramatisierend“. Im dritten Band entwickelt er eine Persönlichkeitstheorie unter dem Begriff des „inneren Teams“, in welchem er verschiedene Aspekte und auch widersprüchliche Tendenzen der Persönlichkeit darstellt. Die Begrifflichkeit erscheint manchmal willkürlich und ist nicht immer klar. Das Vier-Ohren-Modell genießt große Anerkennung und Verbreitung in der Pädagogik und zum Teil auch in der Wirtschaft.

Richard Wayne Bandler und John Grinder

Richard Wane Bandler (*1950) ist ein US-amerikanischer Mathematiker, Informatiker und Psychologe. John Grinder (*1940) ist ein US-amerikanischer Anglist und Linguist. Gemeinsam entwickelten sie das Neurolinguistische Programmieren, kurz NLP. Als solches bezeichnen Bandler und Grinder eine psychotherapeutische Praxis, die sie aus der Beobachtung der Arbeit einiger bekannter Sprachwissenschaftler und Therapeuten (Erickson, Satir, Bateson und Perls) entwickelten.[17] Diese hielten sie für geniale Therapeuten. Sie studierten ihre Arbeitsweise genau, um von ihnen zu lernen und ihre Tricks weitergeben zu können. Sie wollten eine Methode zu Behandlung von psychischen Störungen und Erkrankungen entwickeln. Dabei ist ihr Krankheitsbegriff nicht durch eine medizinische Krankheitslehre gestützt.

Anfangs haben sie die Augenbewegungen ihrer Klienten für psychodiagnostische Zwecke betrachtet und den Blickrichtungen unterschiedliche innere Sinneswahrnehmungen zugeordnet.

Sie bieten eine Sammlung von Kommunikationstechniken und Methoden zur Veränderung von psychischen Abläufen an, die für zahlreiche Zwecke einsetzbar sind, von Angststörungen bis zu Verkaufsstrategien im Handel. Inzwischen bewerben die Verfechter von NLP ihre Lehre als „Bedienungsanleitung für das eigene Leben“.

NLP bietet ein Modell für ein strukturiertes Angebot zur Persönlichkeitsentwicklung. Der therapeutische Ansatz der Erstbeschreiber tritt dabei in den Hintergrund, ebenso der ursprüngliche Bezug zu den genialen Wissenschaftlern.

---

17 Bandler, Richard Wayne/Grindler, John: Metasprache und Psychotherapie I-III. Paderborn 1984-86.

Heute werden neue Konzepte oft an ihrer wissenschaftlichen Fundierung gemessen. Gemeint ist dann meistens eine naturwissenschaftliche Fundierung, etwa mit der Frage: „Was passiert dabei im Gehirn?“ Wenn wir darauf keine Antwort bekommen, gilt alles nur als wertloses Konstrukt. Christopher Sharpley veröffentlichte 1987 in der Zeitschrift „Journal of Counseling Psychology“ einen kritischen Beitrag zu NLP mit dem Titel „Research Findings on Neurolinguistic Findings. Nonsupporting Data or an Untestable Theory“.[18]

Richard Wiseman veröffentlichte 2012 gemeinsam mit Kollegen das Ergebnis von drei Studien speziell zur Interpretation der Augenbewegungen und äußerte sich ebenfalls kritisch zu NLP: „Proponents of Neuro-Linguistic Programming (NLP) claim that certain eye-movements are reliable indicators of lying. According to this notion, a person looking up to their right suggests a lie whereas looking up to their left is indicative of truth telling. Despite widespread belief in this claim, no previous research has examined its validity ... Taken together the results of the three studies fail to support the claims of NLP.“[19]

Für uns gibt es ein Argument, weshalb wir die gängige NLP-Praxis sehr kritisch sehen: NLP kann leicht manipulativ genutzt werden. Der Hinweis auf empfohlene Ethikrichtlinien gibt dabei keine Sicherheit, gerade bei der unkontrollierten Breite der Anwendungsmöglichkeiten. In den differenziert angebotenen Ausbildungen werden nur Techniken vermittelt, aber kein humanes Menschenbild.

Marshall Rosenberg

Anders ist der US-amerikanische Psychologe Marshall Rosenberg (1934–2015) zu sehen. Bei ihm steht ein humanes Menschenbild im Vordergrund. Mit seinem Konzept der „Gewaltfreien Kommunikation“ war er weltweit als Mediator tätig.

Er stand der Bürgerrechtsbewegung nahe und glaubte an das Potenzial des Einfühlungsvermögens. Er glaubte, dass Konflikte unter anderem dadurch entstehen, dass objektive Beobachtungen mit subjektiven Bewertungen vermischt werden, und empfahl vier Schritte zur Konfliktbewertung: beobachten – Gefühle wahrnehmen – Bedürfnisse erkennen – und

---

18 Sharpley, Christopher: Research Findings on Neurolinguistic Findings. Nonsupporting Data or an Untestable Theory. In: Journal of Counseling Psychology 34,1, 103¬–107.

19 Wiseman R., Watt C., ten Brinke L., Porter S., Couper S.-L. et al. (2012): The Eyes Don’t Have It: Lie Detection and Neuro-Linguistic Programming. PLoS ONE 7(7).

Wünsche äußern. Wertschätzende Sprache bezeichnete er als Giraffensprache und kritische Sprache als Wolfssprache.

Kritiker zweifeln die praktische Nutzbarkeit seines Modells bei unterschiedlichen Positionen an und halten es für die Wirtschaft für nicht geeignet. Dennoch ist das Modell der Gewaltfreien Kommunikation sehr verbreitet und hat zahlreiche Anhänger. Es kommt offenbar dem Bedürfnis vieler Menschen nach einer Anleitung zu friedlichen Lösungen entgegen.

Linguistik und Lingva Eterna

All die oben genannten Modelle und Theorien der verschiedenen Linguisten haben einen psychologischen Bezugsrahmen. Dabei sind sowohl die wissenschaftliche Fundierung als auch die praktischen Anwendungsbereiche vielfältig.

Darin unterscheidet sich Lingva Eterna wesentlich von ihnen. Das Konzept hat einen primär sprachlichen Bezug und befasst sich vor allem mit der pragmatischen Anwendung der Sprache in Dialog und Kommunikation. Das macht es so einzigartig. Neben der Struktur der Sprache und der Grammatik spielen auch die sprachwissenschaftlichen Bereiche Phonetik, Etymologie, Morphologie (Lehre von der Wortbildung) bei Lingva Eterna eine Rolle.

Die Phonetik hat ihre Bedeutung beim Betrachten der einzelnen Laute, aus denen wir Wörter bilden. Das Wissen um die Bildung der einzelnen Laute ist hilfreich, um eine klare Artikulation und damit auch deutliche Aussprache zu fördern. Die Lautgeschichte macht es leicht zu erklären, dass und auch warum einzelne Wörter verschiedener Sprachen und Regionen miteinander verwandt sind. Die Etymologie eröffnet den Blick auf die Herkunft und kulturelle Bedeutung einzelner Wörter.

Auch das Übersetzen begleitet uns täglich bei unserer Arbeit mit Lingva Eterna: Wir leiten Menschen an, ihre eigenen Gedanken in eine neue Sprache zu übersetzen und neu zu denken. Ebenso leiten wir sie an, die Sprache ihrer Gesprächspartner bei Bedarf innerlich zu übersetzen, um Reibung oder Schwammiges herauszunehmen und so zu einem angenehmen Gesprächsklima beizutragen. Sollte das eigene innere Übersetzen dafür nicht ausreichen, dann ist es erforderlich, nachzufragen. Dann können die am Gespräch oder einem Schriftwechsel beteiligten Personen nachfragen, ehe es zu einem Missverständnis kommt.

Das Lingva Eterna Sprach- und Kommunikationskonzept

Das Lingva Eterna Sprach- und Kommunikationskonzept ist ein wirksames Instrument für die Sprachdidaktik, Persönlichkeitsentwicklung und die konfliktfreie und erfolgreiche Kommunikation.

Die Struktur der Sprache hat eine eigene Botschaft. Sie schwingt im Gespräch immer als Parallelinformation mit und bleibt sowohl dem Sprecher als auch dem Gesprächspartner unbewusst. Dennoch hat sie eine Wirkung.

Kinder und Heranwachsende lernen die Sprache von ihren Eltern, Erziehern, Lehrern und Ausbildern. Dabei werden die sprachlichen Muster von Generation zu Generation transferiert – ohne dass die Lehrenden und die Lernenden sie ausreichend prüfen und hinterfragen. Das führt dazu, dass Menschen jeden Alters in erlernten Mustern kommunizieren, anstatt unmissverständlich das zur Sprache zu bringen, was sie eigentlich sagen wollen. Lingva Eterna macht die Wirkung der Sprache bewusst und befähigt Menschen, einengende Muster zu erkennen und sich von ihnen zu befreien.

Lingva Eterna ist ein Konzept zum Sinn und Nutzen der Sprache als Medium der Verständigung unter den Menschen. Es geht dabei um Kommunikation, das heißt, wie wir mit anderen Menschen in Kontakt treten und uns mit ihnen austauschen. Wir wollen etwas über die Gedanken und die Gefühle eines anderen erfahren und reden miteinander. Andere Male wollen wir erreichen, dass jemand etwas tut oder sein lässt, und wieder reden wir mit ihm.

Wir befassen uns mit der Struktur der Sprache und der differenzierten Wirkung einzelner Formulierungen. Die Sprache eines Menschen hat etwas mit seinem Charakter zu tun. Sie ist der Spiegel seiner Persönlichkeit. Mit ihr stellen wir dar, wer wir sind, was wir uns wünschen, was wir glauben und was wir in unserem Leben erfahren. Wenn jemand seine Persönlichkeit weiterentwickelt, dann ändert sich etwas an seiner Sprache – und das nehmen andere oft wahr. Auch umgekehrt gilt: Wenn jemand seine Sprache weiterentwickelt, dann wirkt sich das auf seine Persönlichkeit aus.

Lingva Eterna und seine Grundlagen

Mit Lingva Eterna haben wir über die Jahre hin ein ganzes Lehrgebäude zur Struktur und Wirkung von Sprache aufgebaut. Die Sprache transportiert gedankliche und emotionale Inhalte und sie hat eine eigene Struktur, die wir in einem komplexen Regelsystem darstellen. Diese Struktur lässt sich nicht aus anderen Systemen ableiten, nicht aus der Mathematik und auch nicht aus der Psychologie. Insofern ist Lingva Eterna auch kein psychologisches Konzept oder gar eine Form von Psychotherapie.

Die Struktur der Sprache enthält eigene Botschaften, die wir unbewusst zusätzlich zu den bewussten Inhalten mitliefern. Wir nehmen sie in der Rede eines anderen ebenso unbewusst wahr. Es sind oft emotionale Botschaften und sie bewirken etwas beim Angesprochenen und auch beim Sprecher selbst. Wesentliche Anteile unserer Sprache haben wir mit anderen Menschen gemeinsam. Sonst könnten wir uns nicht verständigen. Doch es gibt auch individuelle Merkmale in der Sprache jeder einzelnen Person. Sie sind Teil seiner Persönlichkeit.

In der Regel achten wir wenig auf die Struktur der Sprache. Wenn mir jemand etwas erzählt und ich ihn nach fünf Minuten bitte, mir seine Mitteilung noch einmal zu wiederholen, dann wird er das sicher inhaltlich korrekt tun können. Wenn ich aber verlange, dass er dabei die gleichen Wörter und Sätze verwendet, dann wird er wahrscheinlich scheitern. Er hat sich nicht die Form seiner Sätze gemerkt. Er hat sich ein Bild von dem Inhalt gemacht und das merkt er sich. Wenn er seine Aussage wiederholen will, dann generiert er die passenden Sätze dazu neu. Das müssen nicht die identischen Sätze von vorher sein.

Die Grundelemente der Sprache: Grammatik und Wortschatz

Unsere Muttersprache hat ein komplexes Regelsystem. Andere Sprachen haben andere Regelsysteme, die dem unseren vergleichbar sind.

Alle Sprachen haben zwei wesentliche Grundelemente: Sie haben einen Wortschatz und eine Art Grammatik. Wir haben darauf bereits im Kapitel zur Linguistik hingewiesen und greifen es hier nochmals auf.

Der amerikanische Linguist Noam Chomsky hat seine Generative Grammatik entwickelt, aus der er beliebige Grammatiken anderer Sprachen ableitet. Das Lexikon, der Wortschatz, ist in verschiedenen Sprachen oft sehr unterschiedlich organisiert. Alle Sprachen haben allerdings eine Grammatik und ein Lexikon. Wie Angela Friederici in ihrem Buch „Language in our Brain“[20] darlegt, findet in unserem Gehirn die Verarbeitung dieser beiden Grundelemente an verschiedenen Orten statt. Für die Auswertung von syntaktischen Elementen ist das relativ klar im linken Schläfenlappen des Gehirns.

Mit dem Wortschatz ist das schwieriger. Wörter lassen sich weniger auf bestimmte Orte im Gehirn festlegen. Es ist wichtig zu wissen, dass unser Gehirn im Wesentlichen als Netzwerk arbeitet. Seine Leistung besteht aus zahllosen Verknüpfungen von Einzelaspekten, die durch das Zusammenwirken verschiedener Gehirnareale zustande kommen.

Wir müssen wissen, was Wörter im Sinne unseres inneren Lexikons sind und was nicht. Unser inneres Lexikon umfasst alle für sich allein sinntragenden Wörter. Dazu gehören Substantive (z. B. Buch, Baum, Familie und Abstrakta wie Katholizismus), Verben (z. B. laufen, denken, bauen) und Eigenschaftswörter (z. B. blau, gemütlich, schön). Andere Wörter, die wir auch in einem gedruckten Lexikon finden, wie „der“, „oder“ und „nachdem“, sagen für sich allein nichts aus. Sie haben keine eigene Bedeutung. Sie haben aber eine wichtige Funktion im Satzgefüge. „Der“ zeigt an, dass das nächstfolgende Substantiv entweder im Nominativ steht und männlich ist oder dass es im Genitiv steht und weiblich ist, z. B. „der Esel“ oder „die Bluse der Frau“. Das der hat je nach dem Sinn des Satzes eine unterschiedliche Bedeutung. Es ist also kein Element unseres inneren Lexikons, sondern ein syntaktischer Hinweis im Satz. Es gehört zur Grammatik. Unsere Sprache folgt abstrakten und je nach Landessprache oft recht komplizierten Regeln.

Bei der Kommunikation gebrauchen wir unsere Sprache, doch ist Kommunikation nicht identisch mit Sprache. Kommunikation folgt ganz anderen Regeln als die Sprache. Sie hat eine andere Struktur, die

---

20 Angela Friederici: Language in our Brain, The MIT Press, Cambridge Massachusetts, London England 2017.

nicht so abstrakt ist wie die der Sprache. Kommunikation hat etwas mit unserem Leben zu tun, mit unseren Wünschen, mit Geschichten und Emotionen und mit einer ganzen Palette von psychologischen Aspekten. In der Kommunikation gibt es keinen Genitiv, dafür spielt es eine Rolle, ob ich meinen Gesprächspartner kenne oder ob er mir fremd ist, ob er mir sympathisch ist und was ich von ihm will.

Natürlich hat die sprachliche Form auch etwas mit der Kommunikation zu tun. Oft bringt eine bestimmte Formulierung eine emotionale Abwertung in ein Gespräch, ohne dass der Sprecher das ausdrücklich will, doch verrät sie etwas über seine unbewusste Einstellung. Deshalb achten wir bei uns selbst auf einige Grundeinstellungen, die unsere Kommunikation wesentlich steuern. Es handelt sich dabei um Werte, die ich im Folgenden darstelle.

Präsenz – Klarheit – Wertschätzung

Lingva Eterna hat etwas mit Sprache zu tun. Deshalb nennen wir das Konzept auch „die ewige Sprache" (lateinisch „lingua": Sprache, „aeternus": ewig). Eine wichtige Rolle spielen dabei die Werte, denen wir uns verpflichtet fühlen. Wir haben drei grundsätzliche Werte für Lingva Eterna als drei tragende Säulen dargestellt. Diese sind: Präsenz, Klarheit und Wertschätzung.

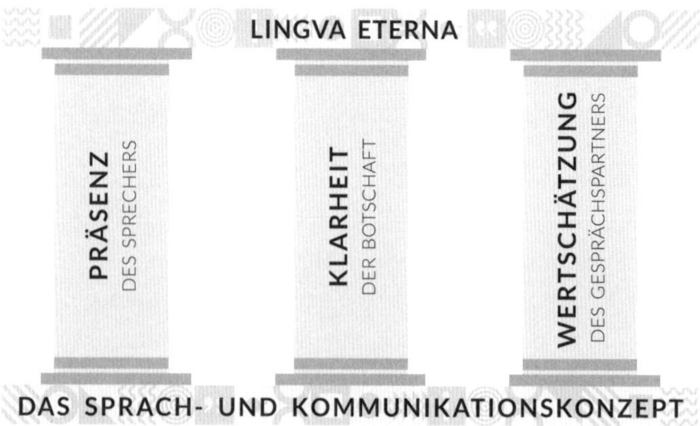

Präsenz

Mit seiner Präsenz stellt sich der Sprecher mit seiner Persönlichkeit, mit seiner Eigenverantwortung und seinem unverwechselbaren Auftrag dar und mit seinen Fähigkeiten, seinen Talenten und seinen Ansprüchen. Auch seine Befürchtungen und Ängste gehören dazu. Es ist seine Rolle, die er bewusst und zum Teil auch unbewusst im Leben spielt.

Klarheit

Die zweite Säule ist die Klarheit der Botschaft mit einem sinnkonformen Wortschatz und einer widerspruchsfreien Grammatik. Diese Begriffe erläutere ich im folgenden Kapitel. Weiterhin gehört dazu auch ein klarer Satzbau, der die Aussagen des Sprechers in sinnvoller Weise gliedert.

Wertschätzung

Die dritte Säule ist die Wertschätzung für den Gesprächspartner. Diese schließt auch alle anderen Menschen ein, mit denen wir in Kontakt treten könnten. Wir bilden uns eine Meinung über sie, und wir fällen oft willkürlich oder auch unwillkürlich ein Urteil über sie. Das gilt für Individuen und auch für Gruppen. Es ist eine Grundeinstellung zum Menschen, ohne die wir keine erfolgreiche Kommunikation erreichen werden. Es ist in vielen Situationen eine große Hürde, über unsere eigene Ablehnung hinwegzukommen und den Gesprächspartner anzunehmen. Irgendwie akzeptieren ist da nicht genug! Das Lingva Eterna Konzept fördert eine bejahende Sprache, die sich positiv auf die innere Haltung auswirkt und es den Menschen erleichtert, ihre Ziele zu erreichen.

Die Bedeutung der Lautbildung

In der Kommunikation mit unseren Gesprächspartnern formulieren wir unsere Gedanken und äußern sie dann. Die Wahl der einzelnen Wörter und der Aufbau unserer Sätze mit der dabei gebrauchten Grammatik ist uns dabei ebenso wenig bewusst wie die einzelnen Laute, aus denen wir die Wörter bilden.

Laute sind etwas anderes als Buchstaben – Buchstaben sind die Zeichen, die wir schreiben. Die Laute sind das, was wir mit unserem Mund formen. Buchstaben und Laute sind nicht deckungsgleich. Lingva Eterna fördert das Bewusstsein für die einzelnen Laute. Damit werden die Wörter klarer und kraftvoller, und die Sprecher gewinnen an Präsenz und Wachheit.

Das bewusste Lautieren fördert die Bewusstheit für einzelne Laute und deren Wirkung. Wörter gewinnen auf diese Weise an Kraft und Klarheit. Bei unserer Arbeit mit Lingva Eterna setzen wir die Hinweise auf einzelne Laute sparsam ein. Es genügt, dann und wann einen einzigen Laut in den Blick zu rücken und ihm Aufmerksamkeit zu schenken. Wir machen das im Folgenden an den Beispielen der Laute „a" und „m" deutlich.

Lernen, den Mund aufzumachen: das „a"

Der Vokal „a" hat eine herausragende Lautqualität. Das „a" ist der einzige Vokal, bei dem wir beim Sprechen einfach nur den Mund aufmachen und die Stimmbänder zum Schwingen bringen. Wir formen weder mit den Lippen noch mit der Zunge noch mit dem Kieferwinkel eine Enge.

Beim „a" liegt die Zunge im Zungengrund und der Kiefer öffnet sich weit – zumindest sollte er das. Die ideale Öffnung hat der Sprecher dann, wenn er beim Lautieren des „a" zwei Finger übereinander zwischen die oberen und die unteren Schneidezähne bekommt. Erst dann entfaltet dieser Vokal seine volle Kraft. Von dieser idealen Öffnung des Mundraums sind die meisten Menschen weit entfernt.

Wir leiten sie an, den Vokal „a" und seine Wirkung zu entdecken. Dazu bieten wir ihnen Lautierübungen an und geben gleich Gelegenheit, die dabei gewonnenen Erkenntnisse in konkreten Situationen des privaten und beruflichen Alltags einzusetzen. Dabei erleben unsere Teilnehmer und Teilnehmerinnen, dass sie mit einem gut geöffneten Kieferwinkel mehr Stimmvolumen haben und mehr Gehör finden. Sie benennen auch eine für sie neue Präsenz.

Das auf neue Weise gebildete „a" bewirkt spontan eine aufrechtere Körperhaltung und eine tiefere Atmung. Und noch etwas geschieht: Wenn jemand seinen Mund beim „a" weiter aufmacht, dann wirkt das letztlich auch auf seine innere Haltung. Das bewusste Lautieren des „a" ist einer der Bausteine von Lingva Eterna, der dazu beiträgt, dass Menschen auch sonst in ihrem Leben im übertragenen Sinn den Mund aufmachen. Sie erleben die Wirkung eines bewusst lautierten „a“ und erhalten die Gelegenheit, sich mit ihm in ihrer Persönlichkeit weiterzuentwickeln.

Das Geheimnis des „m“

Der Laut „m“ ist einer der drei Nasale, die das Deutsche kennt: das „m“, das „n“ und das „ng“ wie in „jung“ und der Nachsilbe „-ung“ . Bei ihnen entweicht die Luft durch die Nase.

Es ist der erste Laut, den Kindern bilden. Er entsteht beim Stillen. Die Lippen des Säuglings liegen fest an der Brust an und die Luft entweicht durch die Nase. Dabei entsteht ein „mmmmmmmmmh“. Die kleinen Kinder machen dabei keinerlei Druck.

Beim Sprechen legen wir die Lippen sanft aufeinander. Sie sind völlig entspannt. Die Luft entweicht durch die Nase. Das „m“ geht durch den ganzen Körper und lässt ihn sanft vibrieren. Diese Wirkung hat das „m“ immer, vorausgesetzt, wir lassen die Lippen ausreichend locker.

Viele Menschen machen sich und auch anderen im Leben zu viel Druck. Dies zeigt sich nicht nur in ihrem Verhalten, sondern auch in ihrer Sprache. Dazu gehört neben ihrer Wortwahl und ihrem Sprechtempo auch die Art, wie sie einzelne Laute artikulieren. Beim „m“ drücken viele die Lippen zu fest aufeinander. Auch hier machen sie unbewusst Druck. Auf diese Weise kann das „m“ nicht mehr so frei schwingen. Wir leiten an, dem Laut „m“ in den einzelnen Wörtern Aufmerksamkeit zu schenken und es bewusst weich auszusprechen.

Die konkrete Arbeit mit dem Lautieren

Wir setzen das Lautieren in der folgenden Reihenfolge ein: Die Grundlage für unsere Arbeit mit Lingva Eterna ist das Kommunikationsmodell mit seinen fünf Schritten. (Dazu erfahren Sie mehr im nächsten Kapitel.) Daher ordnen wir als Erstes gemeinsam mit unseren Klienten und Klientinnen die Reihenfolge ihrer Sätze und Gedanken. Danach lenken wir den Blick auf ausgewählte Aspekte von Wortschatz, Satzbau und Grammatik. Erst auf dieser Grundlage geben wir einen Hinweis auf der Lautebene.

Einige Lingva Eterna Begrifflichkeiten

Sinnkonformer Wortschatz

Wir sprechen bei Lingva Eterna von einem sinnkonformen Gebrauch des Wortschatzes. Oftmals verletzen Menschen mit ihren Formulierungen den Grundsatz der semantischen Konformität. Das geschieht z. B. mit dem Wort „Bombenwetter". Mit „Bombenwetter" meinen viele Menschen schönen, blauen Himmel mit viel Sonnenschein. Dazu passen nicht die Bomben, auch wenn sie das Wort ursprünglich geprägt haben. Es war bei diesem Wetter leichter für die Bomber, ihre Ziele zu finden und Tod und Vernichtung über die Menschen zu bringen! Aber daran denken wir wahrscheinlich nicht, wenn wir von „Bombenwetter" sprechen. Hier entspricht die Formulierung inhaltlich nicht dem Bild, das wir von der Situation haben. Wir denken dabei nicht an Bomben. Die Formulierung ist nicht sinnkonform, sondern abwegig. Dann hat sie da auch nichts zu suchen.

Bei Lingva Eterna glauben wir, dass jedes Wort eine eigene Wirkung hat. Wenn wir es gebrauchen, rufen wir alle Bedeutungen auf, mit denen es jemals ausgesprochen wurde. Wir rücken eine Hauptbedeutung ins Licht – doch alle je gemeinten Nebenbedeutungen stehen im Schatten dabei. Lasst uns achtsam umgehen mit den Wörtern!

Mit dem Wort „Bombenwetter" aktivieren wir sehr unterschiedliche sensorische Bereiche unseres Gehirns. Bei Bomben denken wir an etwas Schreckliches und bei schönem Wetter an etwas Angenehmes. Das ist ein Widerspruch in sich. Solche Ungereimtheiten verletzen den Grundsatz der Klarheit und führen zu einer inneren Verwirrung. Sinnkonforme Formulierungen bringen Klarheit und entlasten das Gemüt.

Widerspruchsfreie Grammatik

Mit kurzen, vollständigen Sätzen treffen wir klare Aussagen. Mit dem Satz ist auch die Aussage abgeschlossen und wir können uns innerlich zurücklehnen. Menschen, die ohne Punkt und Komma sprechen, wirken gehetzt. Wenn sie ständig weiterreden, sind sie offenbar nie mit ihren Aussagen zufrieden. Ihre Sätze sind unvollständig und durcheinander. Sie haben einen tangentialen Redefluss, in dem sie vieles nebeneinander ansprechen, aber keine klaren Aussagen machen. Das wirkt zurück auf ihr Denken und verwirrt sie. Eine Sprache mit geordneten und vollständigen Sätzen gibt dem Sprecher Klarheit und Kraft.

Je nach der Intention bei unserer Kommunikation bietet die Sprache bestimmte Satzarten, mit welchen wir unsere Aussagen formulieren: Aussagesatz, Fragesatz, Aufforderungssatz. Wenn wir eine fehlerhafte Satzart gebrauchen, dann kann es zu Missverständnissen kommen. Daraus folgen oft Uneinigkeiten und Zwietracht zwischen den Menschen, auch wenn wir das nicht beabsichtigen. Insofern ist dieses Buch ein Beitrag zum Frieden. Friede beginnt und endet mit der Sprache.

Wir sehen in Aussagen oft Fehler im Gebrauch der grammatikalischen Zeiten. Im alltäglichen Sprachgebrauch sagen viele Menschen: „Morgen gehe ich in die Firma und in zwei Wochen fahre ich in Urlaub." Diese Formulierung steht in der Gegenwart. In Wirklichkeit machen sie gerade etwas anderes und denken gar nicht daran, alles liegen und stehen zu lassen und umgehend in Urlaub zu fahren. Die gebrauchte Zeit steht hier im Widerspruch zum Inhalt der Aussage.

Aber ist das so wichtig? Oh ja! Wir haben die grammatischen Zeiten, um damit unsere Welt und unser Leben zu ordnen. Es ist hilfreich zu wissen, was wir jetzt machen und was wir für später aufheben wollen. Damit müssen wir uns jetzt nicht beschäftigen. Wenn wir in unserer Sprache alles auf die Gegenwart zusammendrängen, dann kommen wir in Bedrängnis. Viele nennen das dann „Stress" und jammern ewig darüber. Den Stress machen sie sich selbst mit ihrer unkorrekten Sprache. Wie herrlich entspannt klingt dagegen: „Morgen werde ich in meine Firma gehen und in zwei Wochen werde ich dann in Urlaub fahren!" Na, gute Reise!

Hilfreich und klärend sind sprachliche Regeln auf Satz- und Textebene: kurze, klare Sätze, Vermeidung von Satzabbrüchen, durchgängig formulierte Aussagen mit der Darstellung der Zeitfolge, die dem tatsächlichen Ablauf entspricht. Damit ordnen wir unseren Tag und unser Leben.

Eine besondere Rolle spielen dabei die Absätze in unseren Texten. Ein Satz wird mit einem Punkt, einem Fragezeichen oder einem Ausrufezeichen beendet. Der Absatz ist mindestens durch einen Zeilenumbruch angezeigt. Er stellt einen gedanklichen Abschluss dar. Ein Text, der in einem unstrukturierten Blocksatz geschrieben ist, ist mühselig zu lesen. Der Leser muss den Text selbst gliedern, um den Sinn zu erfassen. Das kostet Energie und macht müde. Ein Absatz zeigt an, dass hier eine Aussage abgeschlossen ist. Dann kann der Leser sich ein Bild machen und dieses in seinem Gedächtnis speichern. Und das merkt er sich auch leicht.

Die zentrale Botschaft: Jedes Wort wirkt

Das ist die zugrundeliegende Botschaft des Lingva Eterna Konzepts: Jedes Wort wirkt. In der Sprache liegt eine ordnende, befreiende Kraft. Sie ist für jeden Menschen da und wartet nur darauf, dass er sie erkennt und achtsam für sich in Anspruch nimmt. Das Entdecken dieser Kraft ist der erste Schritt. Danach braucht es kontinuierliche Übung, die eigene Sprache bewusst weiterzuentwickeln. Schon nach wenigen Wochen sind signifikante Erfolge sichtbar. Ein wirksames Instrument dafür ist das Lingva Eterna Kommunikationsmodell. Wir stellen es im folgenden Kapitel vor.

Das Lingva Eterna Kommunikationsmodell

Das Lingva Eterna Kommunikationsmodell ist ein Modell, mit welchem wir auf einfache und einsichtige Weise jeden Kommunikationsakt darstellen können. Es besteht aus fünf Schritten.

Die fünf Schritte

Die fünf Schritte sind die Intention, die Ansprache, der Rahmen, der Diskurs und der Abschluss. Alle fünf Schritte sind für eine erfolgreiche Kommunikation erforderlich.

Die Intention

Die Intention gehört zur gedanklichen Vorarbeit für jede effektive Kommunikation. Wir entscheiden damit, dass wir einer Person etwas mitteilen wollen. Bevor wir eine sinnvolle Kommunikation beginnen, sollten wir wissen, mit wem wir über das Thema sprechen und was wir ihm oder ihr sagen wollen. Manche Menschen, vor allem wenn sie von ihren Emotionen weggetragen werden, poltern scheinbar wahllos auf jemanden los, ohne für sich geklärt zu haben, ob dieser die richtige Ansprechperson für ihr Anliegen ist. Und sie wissen nur vage, was sie von ihm wollen.

Der Angesprochene ist vielleicht verärgert, in jedem Fall empfindet er das Verhalten des Sprechers als unangemessen, und er wird wenig an einem Gespräch interessiert sein. Das wird keine erfolgreiche Kommunikation.

Mit der Intention legt der Sprecher zumindest in groben Zügen fest, was er mit dem Gespräch erreichen will. Er macht sich mehr oder weniger strukturierte Gedanken, was er sagen wird, er wird Formulierungen und Argumente, Begründungen und Feststellungen erwägen und vielleicht darüber einen inneren Dialog führen.

Der Angesprochene ist mit ganz anderen Gedanken beschäftigt und weiß noch nichts von den oft differenzierten Gedanken dessen, der sich anschickt, ihn anzusprechen.

Die Ansprache

Der Sprecher wird das Gespräch irgendwie eröffnen, meist geschieht das mit einer Anrede, z. B.: „Guten Tag, Herr Meier!" Wenn der Sprecher diese Eröffnung weglässt und Herrn Meier ohne Vorwarnung mit den Worten „Ich brauch Sie mal" anspricht, dann wird dieser das als befremdlich oder unhöflich empfinden und die sich anschließende Kommunikation ist belastet. Angenommen es wäre ein Vorgesetzter, der seinen Mitarbeiter so anspricht, dann würde Herr Meier auf dessen Wünsche sehr reserviert reagieren. Um also einen guten Verlauf des Gespräches zu erreichen und seine Wünsche erfüllt zu bekommen, wird der Chef mit einer freundlichen Kontaktaufnahme im obigen Sinne beginnen: „Guten Tag, Herr Meier!"

Das ist die Ansprache, der zweite Schritt nach der Intention. Hier spricht der Sprecher seinen Gesprächspartner mit dem Namen an. Herr Meier weiß dann, dass er gemeint ist, und kann diese Zuwendung durch ein „Ja" oder sonst einen Kommentar oder nur durch ein Kopfnicken bestätigen. Er signalisiert damit, dass er auf Empfang geht. Diese Bestätigung ist wichtig und sie bedarf einer kleinen Pause nach dem Namen. Das klingt dann so: „Herr Meier, (Pause bis er reagiert) ich brauch Sie mal!"

Wir nennen diese Vorgehensweise die drei A. Die drei A stehen für ansprechen, anschauen und atmen. Würde der Chef sofort – ohne die Atempause nach dem Namen – weiterreden: „Herr Meier, ich brauch Sie mal!", dann würde Herr Meier sich überrumpelt und bedrängt fühlen und wenig zuvorkommend reagieren.

Für jeden ist sein Name wichtig und er hört ihn gerne. Mit der Nennung des Namens streicheln wir die Seele des anderen. Die Atempause nach dem Namen hat eine faszinierende Wirkung. Mit ihr fühlt der Angesprochene sich ehrlich gesehen.

Der Rahmen

Der dritte Schritt unseres Kommunikationsmodells ist der Rahmen. Mit ihm gibt der Chef dem Mitarbeiter einen Tipp, worum es überhaupt geht. Sonst überrumpelt er den armen Mann, der sicher gerade mit etwas anderem befasst ist und sich erst auf die Sache einstellen muss.

Wenn der Chef jetzt ein paar Worte zum Zweck seiner Anrede sagt, z. B.: „Es geht um den Kunden Hirmer. Er will eine Auskunft zu unserem Projekt haben", dann weiß Herr Meier, worum es sich handelt, und kann gleich etwas dazu sagen. Sagt der Chef aber nur: „Der Hirmer hat da ein paar Fragen", dann muss Herr Meier erst nach den Einzelheiten fragen, bevor er wirklich Bescheid weiß, und er wird vielleicht ungeduldig. Ein paar Worte zum Rahmen dienen der Klärung. Sie erleichtern das Gespräch und machen es angenehmer.

Der Diskurs

Erst im vierten Schritt, im Diskurs, kommen wir zum eigentlichen Thema, z. B.: „Herr Hirmer will wissen, welche Stärke die Pumpe haben muss." Damit stellt der Chef eine Frage, auf die Herr Meier ihm gerne Auskunft geben wird. Nach der Vorinformation im Rahmen kann der Diskurs oft ganz kurz sein. Er kann sich auch beliebig ausdehnen mit Rede und Gegenrede, mit Austausch von Argumenten und weiteren Fragen, soweit es zur Klärung erforderlich ist.

Der Abschluss

Meistens haben die beiden Gesprächspartner eine klare Empfindung, wann alles gesagt und das Gespräch zu Ende ist. In der Regel fügen sie dann noch ein paar Worte zum Abschluss an. Das ist der fünfte Schritt. Es ist unhöflich, sich nach einem gelungenen Gespräch einfach umzudrehen und davonzugehen. Irgendetwas sagen wir dann noch zum Abschluss. Das kann eine Bestätigung des Ergebnisses sein, etwa „Gut, so machen wir´s dann!" oder „Okay, jetzt weiß ich Bescheid." Oder auch ein herzlicher Dank: „Du hast mir damit weitergeholfen! Hab vielen Dank!"

Interessanterweise hat dieser Abschluss manchmal gar nichts mit dem Inhalt des Gesprächs zu tun. Es kann etwas ganz anderes sein, z. B.: „Wie geht's denn Ihrer Frau? Ich habe gehört, sie hat sich beim Skifahren den Fuß gebrochen." Damit bekundet der Sprecher ein allgemeines Interesse am Gesprächspartner und dessen Familie. Für den Zweck der vorangegangenen Interaktion ist das bedeutungslos. Dennoch ist es ein bedeutsames Element der Kommunikation. Der Sprecher sagt etwas über die Beziehung, welche die beiden zueinander haben. Die Bedeutung dieses Zusatzes zeigt sich manchmal erst dann, wenn der Sprecher dem Angesprochenen wieder einmal begegnet. Dann wird der sich an ihn erinnern oder daran, dass dieses Gespräch in einer angenehmen Atmosphäre stattgefunden hat. Das wird diesen neuen Prozess auch angenehm beginnen lassen.

Kommunikation ist ein Prozess

Nach diesem Modell läuft jede erfolgreiche Kommunikation ab. Der erste Schritt betrifft nur den Sprecher. Davon weiß sein Gesprächspartner nichts. Und doch ist er wichtig für das nun folgende Gespräch. Das Fehlen eines oder gar mehrerer Schritte oder auch das Vertauschen einzelner Schritte innerhalb der vorgegebenen Reihenfolge führt zu einer Störung des Ablaufs, die sachliche und/oder emotionale Aspekte hat. Die Folgen sind oft Missverständnisse, Fehlinterpretationen und Ärger bis hin zu Weinen und aggressiven Handlungen bei Kindern.

Die fünf Schritte zur erfolgreichen Kommunikation zeigen die Kommunikation als Prozess. Mit ihnen können wir jede Gesprächssituation und deren Ergebnis analysieren und interpretieren. Das ist sehr hilfreich, wenn wir den Eindruck haben, dass ein Gespräch unglücklich verlaufen ist und wir unser Ziel nicht erreicht haben. Wenn wir dann das Gespräch vor dem Hintergrund des Kommunikationsmodells betrachten, dann sehen wir oft, dass im Ablauf der Kommunikation einer oder auch zwei der Schritte gefehlt haben oder dass die Reihenfolge der Schritte vertauscht war.

In dem obigen Beispiel könnte der Chef die Anrede mit dem Namen und damit den zweiten Schritt auslassen und gleich mit dem dritten Schritt, dem Rahmen, beginnen: „Der Hirmer will was zu unserem Projekt wissen." Der Chef könnte auch die Reihenfolge der einzelnen Schritte vertauschen. Er könnte sagen: „Guten Tag, Herr Meier! Welche

Stärke soll denn die Pumpe bei unserem Projekt haben? Herr Hirmer will das wissen." Auf diese Frage kann Herr Meier etwas zur Pumpe sagen oder er kann etwas über Herrn Hirmer sagen, was vielleicht zu weiteren Rückfragen führt und das Gespräch in eine ganz andere Richtung bringt. Mit der richtigen Reihenfolge der fünf Schritte wird Herr Meier die gestellte Frage leicht beantworten können.

Das regelmäßige Anwenden der fünf Schritte in der richtigen Reihenfolge führt schon bald zu einer klaren und krisensicheren Kommunikation. Wer sie kennt und anwendet, hat mit ihnen eine sichere Orientierung für eine gelingende Kommunikation.

Das Kommunikationsmodell verdeutlicht, was Lingva Eterna ist und was es bezweckt: eine zielorientierte Kommunikation, bei der wir dem Kommunikationspartner Achtung entgegenbringen. Wir sind stolz darauf, dass das Kommunikationsmodell so einfach ist, dass auch Kinder es verstehen und anwenden können!

Die Anwendung des Kommunikationsmodells bei Kindern

Von einer Lingva Eterna Beraterin aus dem Erziehungsbereich erhielten wir frühzeitig den Hinweis, dass das Kommunikationsmodell schon bei Kindern ab drei Jahren anwendbar sei und überraschend gute Ergebnisse zeige. Dies bedarf allerdings einer Anpassung der sprachlichen Präsentation. Es macht wenig Sinn, einen Fünfjährigen zu fragen: „Was ist deine Intention?"

Der Ablauf des Kommunikationsmodells für Kinder ist nun folgender:

- Was hast du vor? (Intention)
- Sprich den anderen/die andere mit Namen an. (Ansprache)
- Weiß der/die andere, was du willst? Sag es ihm/ihr! (Rahmen)
- Tauscht euch aus. (Diskurs)
- Sag danke! (Abschluss)

Diesen Ablauf erlernen selbst Kinder im Vorschulalter und sie erkennen den Nutzen. Sie können die fünf Schritte bei entsprechender Anleitung aktiv anwenden. Das erspart ihnen viel Streit und Ärger. Es ist wichtig, dass die Erwachsenen die Kinder nach dem Kommunikationsmodell ansprechen. So erkennen die Kinder, dass auch sie damit gut kommunizieren und erleben auch hier Vorbilder.

Die Performanz – die sprachliche Umsetzung

Das Kommunikationsmodell zeigt uns die fünf Schritte für den Ablauf einer erfolgreichen Kommunikation. Damit ist noch kein Satz gesprochen. Nach dem Ordnen der fünf Schritte erfolgt die sprachliche Umsetzung von gedanklichen Inhalten im Detail. Dies bezeichnet die Linguistik als Performanz. Für die Performanz stehen uns die Sprachlaute, das Vokabular und die Regeln der Grammatik zur Verfügung.

Wir begleiten Menschen dabei, ihre gedanklichen Inhalte in gesprochene und geschriebene Sprache umzusetzen. Wir leiten sie an, neue Formulierungen zu finden, mit denen sie das zum Ausdruck bringen, was sie wirklich meinen und auch wie sie es meinen. Dabei ist es wichtig, dass die neue Formulierung ihrer Persönlichkeit entspricht und für sie stimmig ist.

Indem jemand seine Sprache weiterentwickelt, gestaltet er gleichzeitig seine Persönlichkeit aus. Daher ist jegliche Arbeit an der Kommunikation und an der Sprache auch immer eine Arbeit an der Persönlichkeit eines Menschen. Sie fördert das Bewusstsein für die eigenen Werte und die innere Einstellung zu sich selbst und zur Welt.

Wir alle haben bei unserer Sprachentwicklung das Vokabular und den Satzbau auf natürliche Weise in unserem sprachlichen Umfeld gelernt. Einiges haben wir später in der Schule dazu bekommen – je nach Bildungsstand und Ausbildung. In den Jahren unserer Entwicklung nehmen wir aus unserem Umfeld neben der Sprache mit dem Wortschatz und dem Satzbau auch noch weitere Eigenheiten in unsere Ausdrucksweise auf. Als Erwachsene nutzen wir für die Kommunikation dann all das, mit dem wir groß geworden sind.

Dabei bildet jeder Mensch im Lauf der Zeit seine individuellen Besonderheiten aus. Manche haben einen großen Rededrang, andere sind eher ruhig. Einer macht lange, vollständige Sätze, ein anderer kurze; wieder ein anderer hat viele Satzabbrüche, die seinen Sprachstil prägen. Bei manchem Sprecher fällt es uns schwer, in seiner Rede die Satzgrenzen zu erkennen, weil er keine Betonungen einbaut und nie die Stimme absenkt. Oder er spricht zu schnell.

Wieder andere reden ohne Punkt und Komma so lange weiter, bis ihnen die Luft ausgeht und sie dann schnell einatmen müssen. Vielleicht haben sie als Kind nie ausreden dürfen und nützen jetzt die Gelegenheit, immer noch etwas Zusätzliches zu sagen. Das setzt den Zuhörer unter Druck und ermüdet ihn.

In einem schriftlichen Text ist die Struktur leichter zu erkennen als bei der gesprochenen Sprache. Dort gibt es Kommas und Punkte und in der Regel auch Absätze. Sie helfen dem Leser und der Leserin des Textes dabei, den Sinn zu erfassen.

Mit der Sprache unserer Umgebung übernehmen wir auch die Werte und die Grundhaltung unserer Eltern, Erzieher und Lehrer. Sie prägen Menschen weit mehr, als es ihnen bewusst ist. Diese Grundhaltung schwingt in der Kommunikation immer mit. Wir machen mit Lingva Eterna die sprachlichen Elemente bewusst, mit denen jemand emotionale Botschaften in seiner Ausdrucksweise unbewusst mitsendet, und bieten sprachliche Alternativen an.

Auch die Meinung des Sprechers über seinen Gesprächspartner geht bewusst oder unbewusst in seine Rede ein. Sie kann wohlwollend oder kritisch sein. Dann klingt die Rede freundlich oder barsch, oft ohne dass der Sprecher es beabsichtigt und überhaupt selbst bemerkt. Es ist für das Gelingen eines Gesprächs wichtig, die eigene Haltung gegenüber dem Gesprächspartner zu prüfen. Eine wohlwollende Haltung ist ebenso spürbar wie eine noch so heimliche kritische Haltung. Die Sprache verrät einen jeden. Mit Lingva Eterna ist es möglich, die eigene Haltung zu korrigieren und dabei ehrlich zu sein.

Nicht nur die Meinung über den anderen fließt in die Kommunikation ein. Das Gleiche gilt für die momentane Stimmung, mit der jemand ein Gespräch führt. Ich erinnere mich, dass ich einmal die Verkäuferin in einem Käsegeschäft um ein Stück von einem bestimmten Käse bat. Ich dachte dabei ohne aktuellen Anlass an eine ärgerliche Situation in der Klinik. Da sagte die Verkäuferin auf einmal: „Ich beeil mich ja schon!“ Ich hatte meine Bitte nach dem Käse mit meinem Gedanken an den Ärger in der Klinik verbunden und so klang mein Wunsch ungewollt unfreundlich. Das war mir äußerst peinlich und ich entschuldigte mich für meine unfreundliche Art. Inzwischen habe ich gelernt, im Käseladen nicht an ärgerliche Dinge zu denken. Das könnte mir die Freude an meinem Käse verderben.

Empathie entwickeln für den Gesprächspartner

Es ist bedeutsam, beim Reden seine Emotionen bewusst zu steuern. Im obigen Beispiel habe ich freilich einen groben Fehler gemacht. Aber auch in einer Situation, in der ich Probleme erwarte, ist es sinnvoll, seinen Ärger bewusst nicht in die Kommunikation einfließen zu lassen. Er würde einer guten Lösung im Wege stehen. Es ist daher immer förderlich, mit einer wohlwollenden Grundhaltung in eine Kommunikation zu gehen, mit wem auch immer wir sie führen wollen oder führen sollen.

Hier ist Empathie gefragt. Sie ist eine Frage der inneren Haltung. Empathie bedeutet Mitgefühl. Empathiefähigkeit benennt die Fähigkeit und die Bereitschaft, sich gedanklich auf die Seite des Gesprächspartners zu begeben und die Situation aus seinem Blickwinkel zu betrachten. Mit dem neuen Blickwinkel sieht vieles ganz anders aus und mancher Ärger verfliegt – und mehr noch: Lösungsmöglichkeiten tun sich auf. Wie bei so gut wie allem hilft auch hier der bewusste Umgang mit der Sprache. Wer Empathie entwickeln will, kann dies auf diesem Weg machen.

Mit der Forderung nach Empathie wollen wir eine schwierige Situation nicht schönreden und auch niemandem vorgaukeln, dass alles in Ordnung sei. Das könnte dann leicht manipulativ werden. Es geht hier um die Ehrlichkeit im Umgang mit den emotionalen Ansprüchen des eigenen Ichs. Was mache ich mit meinem Ärger? Wenn wir über andere Menschen urteilen, dann erheben wir uns über sie.

Die drei Grundwerte des Lingva Eterna Sprach- und Kommunikationskonzepts sind die Präsenz des Sprechers, die Klarheit der Botschaft und eine grundlegende Wertschätzung für den Gesprächspartner. Die Empathie ist eine Form der Wertschätzung. Ohne Empathie gelingt es uns kaum, uns einem anderen Menschen wirklich zu nähern. Wir fördern sie bei jedem Gespräch. Die Sprache hilft dabei, sie wahrhaftig zu entwickeln und zu leben.

Lingva Eterna Elemente und das Kommunikationsmodell

Die Negationen

Negationen sind Verneinungen. Zu ihnen gehören alle Sätze mit „nicht". Mit ihnen benennen wir etwas, was nicht ist oder was wir nicht haben wollen. So lenken wir beim Sprechen die Aufmerksamkeit in die falsche Richtung. Damit erschweren wir eine klare Kommunikation. Der Angesprochene muss erst innerlich übersetzen, was sein Gesprächspartner ihm sagen will. Er hört: „Vergiss den Schlüssel nicht!" und bekommt die Information „den Schlüssel vergessen". Oft genug macht er das dann – er vergisst den Schlüssel und steht später vor verschlossener Tür. Der Sprecher meint mit seinem Satz „Vergiss den Schlüssel nicht!" natürlich in Wirklichkeit: „Nimm den Schlüssel mit!" Hier erhält der Angesprochene die Information „Schlüssel mitnehmen". Dann ist die Wahrscheinlichkeit groß, dass er den Schlüssel mitnimmt.

Negationen sind hochkomplexe Vorgänge. Nur ein Teil des Gehirns kann mit ihnen etwas anfangen. Das Bild dessen, was nicht ist oder nicht sein soll, steht gedanklich im Raum. Vielleicht meinen Sie, Sie könnten sich der irreführenden Kraft der Negation entziehen. Das wird Ihnen kaum gelingen. Probieren Sie einmal etwas aus: An was denken Sie, wenn Sie den folgenden Satz lesen: „Denke nicht an eine Zitrone!" Natürlich denken Sie an eine Zitrone, an was denn sonst? Vermutlich wird Ihr Körper Ihnen ein klares Signal geben und mehr Speichel produzieren.

Auch das Wort „kein" gehört zu den Negationen. Hilft es jemandem, wenn Sie ihm sagen: „Ärgere dich nicht!" oder „Hab keine Angst!"? Eher das Gegenteil des Angestrebten lösen Sie damit aus.

Der Alltag ist voll von Sätzen mit Verneinungen: „Sag das der Mama nicht!" ist ein Satz, der auch bei erwachsenen Kindern vorkommt. Viel klarer ist die Botschaft: „Der Mama werde ich das später selbst erzählen. Behalte diese Information bitte für dich!" Wie peinlich ist es dann, wenn der Vater seiner Frau in gutem Glauben die großartige Neuigkeit erzählt – das „nicht" hatte ihn nicht erreicht. Und schon kommt es zu Missverständnissen und Missstimmung. Der eine sagt: „Das hast du mir aber so nicht gesagt!", und der andere antwortet: „Doch freilich habe ich es dir gesagt, genau so!"

Wir können die Verneinungen nur mit erhöhtem Aufwand ausblenden und dann das verstehen, was der andere uns sagen will. Das gelingt uns nur, wenn wir ausgeschlafen sind und uns konzentrieren können. Wenn jemand verärgert ist oder Sorgen oder Schmerzen hat oder wenn er kurzfristig abgelenkt ist, dann ist dieses innere Übersetzen zu viel verlangt.

Verneinungen sind weit verbreitet. Kinder und Jugendliche hören bis zu ihrem 18. Geburtstag ca. 150.000-mal, was sie nicht tun dürfen oder nicht tun sollen. Dieses Sprachmuster gräbt sich in ihnen tief ein und begleitet sie auch als Erwachsene. Typische Sätze, die Kinder hören, sind: „Sei nicht so laut!“, „Lass die Schuhe nicht im Eingangsbereich herumliegen!“, „Vergiss nicht, deine Hände zu waschen!“, „Streitet euch nicht!“, „Zappel nicht so herum!“, „Trödel nicht!“, „Führ dich nicht so auf!“ usw. Und wenn sie etwas gut gemacht haben, dann hören sie anerkennend: „Das war jetzt nicht schlecht!“

Diese frühe Prägung zeigt sich auch im Kommunikationsstil der Erwachsenen: „Vergiss nicht, die Wäsche aufzuhängen!“, „Vergiss deine Medikamente nicht“, „Ich wünsche dir, dass du in keinen Stau kommst“ usw. Es braucht Aufmerksamkeit, um all die gewohnten Verneinungen und ihre nachteiligen Auswirkungen wahrzunehmen.

Das Gegenteil einer von Verneinungen geprägten Sprache ist eine bejahende Sprache. Wir fördern mit Lingva Eterna eine bejahende Sprache. Dabei geht es darum, die zahllosen gewohnheitsmäßigen Verneinungen im eigenen Sprachgebrauch zu erkennen und zu meiden. Nach einer ersten Phase des Umdenkens und Neu-Sprechens wird die Kommunikation klar und zielführend.

Im Rahmen des Kommunikationsmodells ist der Blick auf die Negationen und das bewusste Entwickeln einer bejahenden Sprache wichtig. Dies gilt für alle Schritte, insbesondere für den ersten Schritt sowie für den dritten und den vierten Schritt.

Der Konjunktiv II

Der Konjunktiv II ist weit verbreitet und in seinem Gebrauch weitgehend unbewusst. Zu ihm gehören alle Sätze mit „würde“: „Ich würde sagen, dass die Strecke von München nach Nürnberg etwa 180 Kilometer lang ist.“ Der Angesprochene sagt – angesteckt von der Ausdrucksweise seines Gesprächspartners – spontan: „Das würde ich auch annehmen.“ Und wenn jemand einen Weiteren nach seiner Einschätzung fragt, nutzt dieser wahrscheinlich auch den Konjunktiv II: „Und was würdest du sagen?“ Der Befragte antwortet wiederum mit dem Konjunktiv II: „Ich würde sogar 190 Kilometer sagen“. Wenn einer beim Sprechen mit dem Konjunktiv II anfängt, dann geht es oft unbewusst so weiter.

Zum Konjunktiv II gehören auch alle Sätze mit „könnte“, „hätte“, „sollte“ und „müsste“. Beispiele dafür sind: „Ich müsste jetzt allmählich gehen“, „Wir sollten einmal wieder die Nachbarn einladen“, „Ich könnte heute noch einkaufen gehen“. Um den Konjunktiv II aufzulösen, braucht es oft mehr als nur einen Satz. Der Konjunktiv II ist in seiner Aussage vage. Da ist erst zu klären, was der Sprecher mit seinem Satz zum Ausdruck bringen will.

Aus dem Satz „Ich müsste jetzt allmählich gehen“ wird dann „Ich mach mich allmählich auf den Weg“. Aus dem Satz „Wir sollten einmal wieder die Nachbarn einladen“ können sogar drei Sätze werden: „Wir waren vor einiger Zeit bei unseren Nachbarn zum Abendessen. Jetzt sind wir wieder dran. Ist dir recht, wenn wir sie für das nächste Wochenende einladen?“ Ähnlich vage ist der Satz „Ich könnte heute noch einkaufen gehen“. Es ist egal, ob jemand diesen Satz nur für sich denkt oder einem anderen sagt – die Aussage bleibt völlig unklar. Will derjenige überhaupt einkaufen? Warum denkt oder sagt er das? Eine mögliche Interpretation dieses Satz ist diese: „Ich habe große Lust, heute noch einkaufen zu gehen. Wenn ich es zeitlich schaffe, werde ich es machen.“ Hier wird klar, dass Sätze mit Konjunktiv II einen großen Interpretationsspielraum haben.

Auch in Fragesätzen ist der Konjunktiv II häufig zu hören. Dann heißt es am Frühstückstisch: „Würdest du mir bitte die Butter geben?“ oder „Wärest du so nett, die Erdbeermarmelade aus dem Kühlschrank zu holen?“ Hierzu gibt es noch Kombinationen des Konjunktivs II mit dem Modalverb „können“: „Könntest du mir bitte die Butter geben?“ Vielleicht kommt dann die Antwort: „Ich müsste mir erst noch mein Brot streichen, dann würde ich dir gleich die Butter geben.“ Vielleicht meinen Sie, dass diese Ausdrucksweise unrealistisch und übertrieben ist, doch erscheint es Ihnen vermutlich nur in dieser Häufung so. Es lohnt sich, darauf zu achten und ein Gespür für diesen Sprachgebrauch zu entwickeln.

Der Konjunktiv II bezeichnet eine Möglichkeit. Damit bleibt er vage. Die grammatikalische Bezeichnung für den Konjunktiv II ist Irrealis. Dieses Wort kommt aus dem Lateinischen und bedeutet Unwirklichkeitsform. Der Irrealis hat seinen angestammten Platz in Bedingungssätzen wie: „Wenn schönes Wetter wäre, würde ich einen langen Spaziergang machen."

Mit dem gewohnheitsmäßig gebrauchten Konjunktiv II entsteht eine Atmosphäre von Unverbindlichkeit und mangelnder Klarheit. Im Gegensatz dazu ist der Indikativ klar. Es lohnt sich, den gewohnheitsmäßig gebrauchten Konjunktiv II kritisch zu betrachten und klare Varianten zu wählen. Der Konjunktiv II an der richtigen Stelle ist dagegen großartig. Er lässt klare, lebendige Bilder entstehen und eröffnet neue Blickwinkel und Möglichkeiten.

Der Blick auf den inflationär gebrauchten Konjunktiv II und das bewusste Entwickeln von sprachlichen Alternativen sind im Kommunikationsmodell beim ersten Schritt sowie beim dritten und vierten Schritt ein bedeutsamer Schlüssel zu mehr Klarheit und Verbindlichkeit.

Die Satzarten

Auch die Satzarten sind im Zusammenhang mit dem Kommunikationsmodell von besonderem Interesse. Hier gibt es viel zu entdecken. Der Gebrauch der Satzarten ist nämlich häufig unbewusst – und widerspricht vielfach den Absichten des Sprechers.

Es gibt drei Satzarten: die Fragesätze, die Aussagesätze und die Aufforderungssätze. Mit den Fragesätzen stellen wir eine Frage und wollen eine Antwort bekommen. Mit den Aussagesätzen machen wir Aussagen und teilen unserem Gesprächspartner etwas mit. Mit den Aufforderungssätzen fordern wir jemanden auf, etwas zu tun. Dann erwarten wir eine Handlung. Bis hierher ist es einfach. „Markus, öffnest du das Fenster?" ist eine Frage und endet mit einem Fragezeichen. „Markus öffnet das Fenster." ist eine Aussage und endet mit einem Punkt. „Markus, öffne bitte das Fenster!" ist eine Aufforderung und endet mit einem Ausrufezeichen.

Im täglichen Sprachgebrauch kommt es zu zahlreichen Widersprüchen zwischen der Absicht des Sprechers und der gewählten Satzart. Dann vermischt ein Sprecher beispielsweise die Absicht der Aufforderung mit einem Fragesatz. Er bildet grammatikalisch einen korrekten Fragesatz, doch fügt er ein „bitte“ ein und seine Stimme klingt wie bei einem Aufforderungssatz. Das klingt beispielsweise so: „Machst du bitte die Türe auf?“ oder – Eltern zu einem Kind – „Räumst du jetzt bitte deine Schuhe auf?!“ Das eingefügte Wörtchen „jetzt“ bringt eine emotionale Irritation in die Kommunikation. Das Satz ist und bleibt dennoch eine Frage – und das Kind darf auf eine Frage mit einem „Nein“ antworten. Das geschieht dann häufig auf der Handlungsebene: Es räumt die Schuhe nicht auf. Das Ordnen der Satzarten hat also eine ganz und gar praktische Auswirkung auf den Alltag.

Der Konjunktiv II findet sich häufig in Fragen wieder, die in Wahrheit Aufforderungen sind. Diese Fragen sind keine ehrlichen Fragen, die dem Angesprochenen Raum für eine freie Antwort lassen. Sie tun nur so, als ob es so wäre. Diese Pseudofragen mit Konjunktiv sind weit verbreitet: „Würdest du mir bitte gerade einmal kurz helfen?!“ Das Ausrufezeichen nach dem Fragezeichen zeigt an, dass der Sprecher in Wahrheit eine Aufforderung meint. Dieser Satz braucht für eine angenehme Auflösung zwei Sätze – und zwar je nach Intention entweder mit dem Ziel einer Frage oder mit dem Ziel einer Aufforderung. Sie klingen dann so: „Ich brauche kurz deine Hilfe. Ist es dir gerade möglich, mir zu helfen?“, oder so: „Ich brauche kurz deine Hilfe. Komm bitte zu mir!“ Je nach Intention wählt der Sprecher die Variante, die er gerade meint.

Der Blick auf die Satzarten ist für viele Menschen neu, die sich das erste Mal mit Lingva Eterna befassen. Sie haben sich nie zu den Satzarten Gedanken gemacht. Schließlich sind sie mit ihnen groß geworden, und das Vermischen von Fragen und Aufforderungen erscheint ihnen als etwas Normales, ja sie finden es sogar höflich. Schon auf dem Wickeltisch hörten sie: „Kannst du mal noch kurz still liegen bleiben, bis ich dir deine Windel fertig angezogen habe?!“

Die meisten von uns haben im Laufe unserer Kindheit und Jugend gelernt, dass die Fragen der Erwachsenen oft keine ehrlichen Fragen sind und dass Erwachsene etwas anderes sagen, als sie meinen. Doch sind auch die Eltern dieser Kinder und Jugendlichen ihrerseits mit diesem Sprachmuster groß geworden. Es ist nur ein kleiner Teil der Gesellschaft, der klare Fragen stellt und klare Aufforderungen äußert.

Es lohnt sich, die Satzarten zu entwirren und sie zu ordnen. Die damit gewonnene Klarheit wirkt sich wohltuend auf die Kommunikation aus und auch auf die eigene innere Klarheit. Wer weiß, ob er jemandem eine Frage stellen will oder ob er ihn auffordern will, etwas Bestimmtes zu tun, wird sich in vielen Bereichen seines Lebens leichter tun als jemand, der dies noch nicht klar auseinanderhält.

Die Wahl der Satzart ist beim Anwenden des Kommunikationsmodells ein wesentlicher Schlüssel für gelingende Gespräche. Die für ein Gespräch angemessene Satzart wird bereits beim ersten Schritt deutlich und wirkt sich maßgeblich auf den vierten Schritt aus.

Die Konjunktion „weil"

„Weil" ist eine Konjunktion. Konjunktionen sind Bindeglieder zwischen einem Hauptsatz und einem Nebensatz oder einem weiteren Hauptsatz. Auch „aber", „oder" sowie „und" gehören dazu.

Die Konjunktion „weil" hat im Zusammenhang mit dem Kommunikationsmodell eine große Bedeutung. Sie hat etwas mit dem Aufbau von Gesprächen zu tun. Mit jedem Weil-Satz erklären wir nachträglich, warum wir etwas tun wollen oder bereits getan haben. Damit verdrehen wir die Reihenfolge der Gedanken: „Ich fahre in die Stadt, weil ich mir neue Wanderschuhe kaufen will." Der Wunsch, mir Wanderschuhe zu kaufen, war als Erstes da. Erst danach habe ich mich dazu entschlossen, in die Stadt zu fahren. Der Satz mit „weil" klingt vertraut und üblich. Ganz anders klingt und wirkt er ohne das gewohnte „weil": „Ich kaufe mir neue Wanderschuhe. Darum fahre ich in die Stadt." Dabei ist ganz nebenbei auch das Modalverb „wollen" überflüssig geworden – ich mache es, ich will es nicht nur machen. Beim Weil-Satz wird mit großer Wahrscheinlichkeit ein „wollen" oder ein „möchten" dabei sein.

Mit einem Weil-Satz sagen wir unserem Gesprächspartner zuerst das Ergebnis unserer Gedanken und danach, wie wir dahin gekommen sind. Bei dem Beispiel mit den Wanderschuhen ist der ursprüngliche Weg der Gedanken dieser: 1. Erkenntnis: Ich brauche neue Wanderschuhe. 2. Entschluss: Ich kaufe neue Wanderschuhe. 3. Umsetzen und Handeln: Ich fahre in die Stadt und kaufe mir dort neue Wanderschuhe. Der Gesprächspartner hört jedoch die umgekehrte Reihenfolge der Gedanken. Dafür gebraucht der Sprecher einen oder oft sogar zwei Weil-Sätze: „Ich fahre in die Stadt, weil ich neue Wanderschuhe kaufen will, weil ich welche brauche."

Der gewohnheitsmäßige Gebrauch von Weil-Sätzen erweckt oft den Eindruck, dass ein Sprecher sich für seine Aussage rechtfertigen muss. Er macht sich damit klein. Außerdem macht er es seinem Gesprächspartner schwer, seinen Gedanken zu folgen. Es geht im logischen Fluss der Gedanken beständig einen Schritt vorwärts und dann wieder einen Schritt zurück.

Das wurde einer Trainerin klar, als sie von ihren Schülern die Rückmeldung bekam, dass sie innerhalb der ersten dreißig Minuten ihres Unterrichts siebzigmal „weil" gesagt hatte. Ich hatte sie im Rahmen ihrer Ausbildung bei uns darauf aufmerksam gemacht, dass sie häufig die Konjunktion „weil" benutzte. Sie konnte es kaum glauben und hatte gleich eine pragmatische Idee: Sie wollte ihre erwachsenen Schüler und Schülerinnen fragen, die eine Ausbildung besuchten. Sie wollte sie bitten, darauf zu achten, ob sie tatsächlich Weil-Sätze benutzt. Zwei Schüler boten ihr daraufhin an, eine Strichliste zu machen. Sie hörten mit neu geschärften Ohren hin und machten fleißig Striche: „Bitte merken Sie sich diesen Stoff gut, weil er für die Prüfung relevant ist. Ich erkläre Ihnen nun als Erstes dieses Diagramm. Schauen Sie bitte genau auf diese beiden Linien, weil sie für den Erfolg der genannten Maßnahme besonders wichtig sind." Nach einer halben Stunde meldeten sie sich und verkündeten ihr erstaunliches Ergebnis. Die Trainerin stutzte, lachte und fragte dann die ganze Klasse, was sie sich von der ersten halben Stunde gemerkt hatten. Sie hatten sich nur gemerkt, warum sie sich etwas merken sollten, jedoch fast nichts von dem, was sie sich hätten merken sollen.

Der bewusste Umgang mit der Konjunktion „weil" ist für eine erfolgreiche Kommunikation wichtig. Mit Blick auf das Kommunikationsmodell ist bedeutsam, dass Weil-Sätze in der vorgegebenen Reihenfolge den dritten und den vierten Schritt vertauschen.

Das Lingva Eterna Kommunikationsmodell in der Praxis

Vorbemerkung

Mit dem Lingva Eterna Kommunikationsmodell können Sie jegliches Gespräch betrachten. Sie können damit Gespräche vorbereiten. Ebenso können Sie Gespräche nachträglich analysieren. Das gilt sowohl für gelungene Gespräche als auch für solche, die missglückt sind. Auf diese Weise können Sie etwaige Ursachen für Störungen in der Kommunikation erkennen, egal ob es sich dabei um den privaten, den beruflichen oder den öffentlich-gesellschaftlichen Bereich handelt.

Zu dem Kommunikationsmodell haben wir ein Übungsset mit fünf grafisch gestalteten Bildkarten entwickelt.[21] Sie zeigen jeweils einen der fünf Schritte. Eine sechste Karte zeigt die fünf Schritte im Überblick.

Bei den nachfolgenden praktischen Beispielen haben wir diese grafischen Elemente aufgegriffen und die fünf Schritte der Kommunikation als Diagramm eingefügt. Dort benennen wir, ob alle Schritte dabei waren oder welcher Schritt gefehlt hat. Ebenso weisen wir darauf hin, wenn zwei Schritte miteinander vertauscht waren.

Bei jedem Beispiel haben wir erst die tatsächliche Kommunikation beschrieben. Danach folgt das Diagramm. Daran schließen wir einen Kommentar an und anschließend eine gelungene Kommunikation als mögliche sprachliche Alternative.

Wer die fünf Bildkarten des Kommunikationsmodells bereithält, kann die Kommunikationsschritte der einzelnen Beispiele aktiv und auch interaktiv mit den Karten darstellen.

In dem folgenden Teil dieses Buches bringen wir Beispiele für lebensnahe Kommunikationsabläufe mit Kommentaren und Anregungen. Um die einzelnen Beispiele in einen Zusammenhang zu bringen, wählen

---

21 Das Übungsset zum Kommunikationsmodell können Sie im Lingva-Eterna-Onlineshop bestellen: lingva-eterna.de -> shop -> Bücher & Medien -> Kommunikationsmodell (https://lingva-eterna.de/shop/das-lingva-eterna-kommunikationsmodell/)

wir dafür den Kontext ganz normaler Familien und Singles in einem freundlichen Vorort einer größeren Stadt. Der Vorort heißt Birkenfeld. Dort wohnen und arbeiten etwa 2000 Menschen. Die nächstgelegene Kreisstadt ist Illerberg. In Birkenfeld gibt es Kindergärten und Schulen, ein Fitness-Center, Geschäfte für den täglichen Bedarf, einen Friseur und ein Schloss mit einem Schlosspark und einem Schlosspark-Café. Auch ein Allgemeinarzt und ein Zahnarzt haben in Birkenfeld ihre Praxen. Einige Betriebe sind dort angesiedelt und geben den Bürgern und Bürgerinnen Arbeit, andere Bewohner leben hier nur und fahren zur Arbeit nach Illerberg. Dort befindet sich auch das Kreiskrankenhaus.

Kurzum – hier ist das volle Leben mit allen erdenklichen Kommunikationssituationen zu finden, und immer stellen wir einen Bezug zum Lingva Eterna Kommunikationsmodell her.

Übersicht Praxisbeispiele

FAMILIE AHLERS 75

Das missglückte Telefongespräch 75

Der volle Mülleimer 78

Der Zahnarzttermin 80

Das Rockkonzert 83

Das Motorrad-Hobby 86

HERR WIEDEMANN 88

Meinungsverschiedenheit im Immobilienbüro 88

Im Bauamt 91

Ein unschlüssiger Kunde 94

FAMILIE TAUSCHNER 97

Ein Pharmareferent kommt in die Praxis 97

Die Videokonferenz 100

In der Patientenaufnahme des Krankenhauses 103

Geringfügiger Anlass – großer Streit 106

Die Selbstständigkeit von Schülern fördern 109

Ein Kind kauft ein 112

Besuch bei der alten Mutter 115

FAMILIE HÜBNER 118

Licht an, Licht aus 118

Wann gibt es Abendessen? 122

Nora findet Rosy doof 124

Der Meister und sein Azubi 126

FAMILIE EICHENDORFF 128

Julia kann ihre Trinkflasche nicht öffnen 128

Zähneputzen 130

Wer hilft beim Regalaufbauen? 132

Eine traurige Nachricht 135

FAMILIE BARTHELS 137
Ein Kind hilft mit 137
Klare Aufgabenverteilung 140
Bastelstunde im Kindergarten 142

FAMILIE SCHÖNFELDER 145
Die Essstörung 145
Der Putzplan 147
Im Blumengeschäft 150

FAMILIE GROSSMÜHL 153
Projekt-Meeting bei Firma Vogel 153
Laura will Pfefferminztee 156
Die abgesagte Einladung 159
Besuchsdienst der evangelischen Paulusgemeinde 161
Küchenkauf leicht gemacht 164

FAMILIE TÖPFER 166
Ein Planungsfehler 166
Wer räumt die Spülmaschine aus? 169
Im Fitnessstudio 171
Mir egal 174
Im Seniorenwohnheim 176
Parkplatznot 178

Die Zukunft von Birkenfeld 180

Praxisbeispiele

FAMILIE AHLERS

Als Erstes stellen wir Ihnen Familie Ahlers vor. Friedrich Ahlers ist 51 Jahre alt und leitet die Generalvertretung der Mirkoversicherung. Seine Frau Monika ist 48 und als Grundschullehrerin tätig. Sie haben eine 21-jährige Tochter Gabriele, die Germanistik studiert, und einen 15-jährigen Sohn Markus. Er besucht das Gymnasium. Sie wohnen im Ahornweg in einem bequemen Reihenhaus.

Das missglückte Telefongespräch

Herr Ahlers hatte einen etwas hektischen Start in den Tag. Er musste sein Auto kurzfristig in die Werkstatt bringen und ist nun gerade leicht verspätet im Büro an seinem Schreibtisch angekommen. Er hat noch seinen Mantel an und will ihn ablegen. In diesem Augenblick klingelt das Telefon. Er ist genervt. Dennoch nimmt er das Gespräch an. Er meldet sich mit hörbarem Ausatmen: „Mirkoversicherung Ahlers!", und es entwickelt sich folgender Dialog:

„Entschuldigung, mit wem spreche ich bitte?"

„Wen wollen Sie denn sprechen?"

„Ich habe einen Versicherungsfall. Wir hatten gestern einen Einbruch."

Herr Ahlers seufzt laut: „Geben Sie mir bitte erst mal Ihre Versicherungsnummer. Ich leite das gleich weiter. Sie haben Ihren Namen noch gar nicht gesagt. Wie war noch mal Ihr Name?"

„Meine Versicherungsnummer ist MV19/2115790."

„Und jetzt noch Ihr Name!"

„Müller, Elisabeth."

„Sie hören wieder von uns!" Damit legt Herr Ahlers auf. Er denkt bei sich: „Müller Elisabeth – so ein Lieschen Müller hat mir heute am frühen Morgen gerade noch gefehlt. Besonders gut war das gerade nicht. Naja, der Tag hat ja schon vorher blöd angefangen."

Herrn Ahlers' Gespräch in der Analyse mit dem Kommunikationsmodell

1 Intention
Herr Ahlers war nicht gesprächsbereit.

2 Ansprache
fehlt

3 Rahmen
fehlt

4 Diskurs
unfreundlich

5 Abschluss
verfehlt

Kommentar:
Herr Ahlers ist von den Aufregungen am Morgen noch etwas durcheinander. Er hat versäumt, in Ruhe durchzuatmen und sich bewusst aufrecht hinzustellen oder hinzusetzen. Dafür hätte er das Telefon ruhig zweimal klingeln lassen können. Die Art, wie er das Gespräch annimmt, erschwert das nachfolgende Gespräch. Die Kundin merkt, dass sie stört. Sie wird das vermutlich ihrem Mann und ihren Freundinnen weitererzählen und sich gemeinsam mit ihnen über die Mirkoversicherung aufregen. Auch Herr Ahlers ärgert sich nach dem Gespräch. Er weiß, dass es misslungen ist, und sucht die Schuld bei den widrigen Umständen. Außerdem macht er sich über die Kundin und ihren Namen lustig. Ihm fehlt es an Wertschätzung – sowohl an Wertschätzung für sich selbst als auch an Wertschätzung für die Kundin.

Alternative:
So könnte das Gespräch für beide Seiten zufriedenstellend verlaufen: „Guten Morgen, hier ist die Mirkoversicherung. Ich bin Friedrich Ahlers. (Ansprache)“

„Wir hatten gestern einen Einbruch."

„Oh, ich bedaure, dass Ihnen so etwas passiert ist. (Rahmen, emotionaler Aspekt) Sagen Sie mir bitte Ihren Namen. Dann kann ich Ihnen sicher gleich weiterhelfen (Beginn Diskurs)."

„Müller, Elisabeth Müller."

„Dankeschön, Frau Müller. Haben Sie Ihre Versicherungsnummer zur Hand?"

„Meine Versicherungsnummer ist MV19/2115790."

„Das ist hilfreich. Dankeschön! Meine Mitarbeiterin Frau Seligmann ist unsere Spezialistin für solche Themen. Ich werde sie gleich ansprechen und sie wird sich noch heute Vormittag bei Ihnen melden. Ich notiere Ihre Telefonnummer: 0163 445 98798. Darf sie Sie unter dieser Nummer anrufen?"

„Ja, gerne! (Diskurs Ende)"

„Ich wünsche Ihnen, dass Sie mit dieser Situation gut zurechtkommen. Auf Wiederhören! (Abschluss)"

Der volle Mülleimer

Herr Ahlers kommt um fünf Uhr aus seinem Büro nach Hause und begrüßt seine Frau: „Hallo, guten Abend!“

Seine Frau spricht ihn an: „Gut, dass du kommst. Der Mülleimer ist voll und morgen wird geleert.“

Er antwortet: „Ach, ja.“ Er holt sich ein Glas Apfelsaft aus dem Kühlschrank und geht ins Wohnzimmer.

Nach zehn Minuten ruft Frau Ahlers aus der Küche: „Ich hatte dich gebeten, den Müll rauszutragen. Hast du das nicht gehört?“

„Du hast gesagt, dass morgen geleert wird. Ich wusste nicht, dass ich den Müll raustragen soll. Bitte drück dich klarer aus.“

„Was ist dir denn für eine Laus über die Leber gelaufen?“

Und schon ist der Ärger da.

Frau Ahlers' Gespräch in der Analyse mit dem Kommunikationsmodell

1 **Intention**
vorhanden

2 **Ansprache**
fehlt

3 **Rahmen**
vorhanden

4 **Diskurs**
vorwurfsvoll

5 **Abschluss**
Ärger

Kommentar:

Herr Ahlers kommt nach der Arbeit nach Hause und grüßt seine Frau, ohne ihren Namen zu nennen. Seine Frau geht nicht auf seinen Gruß ein und will ihm gleich einen Auftrag geben, den sie nicht als solchen formuliert. Sie hat eine klare Absicht, aber drückt sie unklar aus. Sie spricht ihren Mann nicht mit seinem Namen an. Sie gibt ihm keinen Auftrag, sondern macht eine Aussage über den Müll, erwartet jedoch, dass er ihre Absicht versteht und den Müll rausbringt. Schon das könnte ihn ärgerlich machen.

Jedenfalls kommt ihr Wunsch bei ihm nicht an und die Kommunikation bricht damit ab. Frau Ahlers bleibt auf ihrem Wunsch sitzen, bis sie ihren Mann barsch zur Rede stellt. Der wehrt sich daraufhin, was sie nicht versteht. Sie macht ihrem Ärger Luft. Der vierte Schritt, der Diskurs, erfolgt erst mit Verzögerung und in einem rauen Ton. Die Kommunikation endet mit beidseitigem Ärger.

Die Alternative:

Herr Ahlers hätte seine Frau mit ihrem Namen ansprechen können und vielleicht mehr sagen können als nur „Hallo“. Und sie hätte darauf antworten können: „Guten Abend, Friedrich (Ansprache), ich freue mich, dass du da bist (Rahmen). Darf ich dich gleich um etwas bitten? (Beginn Diskurs)“ Dann hätte er geantwortet und es wäre zu einem Diskurs mit wahrscheinlich gutem Ausgang mit einem freundlichen Schluss gekommen.

Der Zahnarzttermin

Frau Ahlers hat seit einigen Tagen Zahnschmerzen an einem Zahn, an dem sie seit zwei Jahren eine Plombe hat. Übers Wochenende hat sie es vor sich hergeschoben, aber am Montag früh um acht Uhr ruft sie den Zahnarzt Dr. Weißhaupt an, bei dem sie schon seit vielen Jahren in Behandlung ist. Der Anrufbeantworter klärt sie auf, dass die Praxis erst ab neun Uhr besetzt ist. Um neun erreicht sie die Arztsekretärin am Telefon. Diese begrüßt sie freundlich: „Guten Tag, hier ist die Praxis Dr. Weishaupt, ich bin Frau Edelmann."

Sofort redet Frau Ahlers los: „Guten Tag, ich habe starke Zahnschmerzen – jetzt schon fast eine Woche. Der Herr Doktor kennt mich schon seit Jahren, ich hätte gern möglichst bald einen Termin!"

Es unterbricht sie die etwas kühle Stimme der Arztsekretärin: „Mit wem spreche ich bitte?"

„Ach ja, Entschuldigung, ich bin Frau Ahlers. Ach Gott, ich bin so durcheinander. Also ich hätte gern einen Termin."

„Aha, Frau Ahlers", antwortet die Arztsekretärin leicht gedehnt, „ich könnte Ihnen einen Termin nächste Woche anbieten."

„Ach Gott, ich habe doch solche Schmerzen, ginge es nicht etwas früher?"

Frau Edelmann blättert etwas länger in ihren Unterlagen und sagt dann etwas zögerlich: „Ja, dann wäre da noch ein Termin morgen um 17:30 Uhr, passt Ihnen das, Frau Ahlers?"

„Oh ja, das ist wunderbar. Vielen Dank und bis morgen." Frau Ahlers legt schnell auf.

Frau Ahlers' Gespräch in der Analyse mit dem Kommunikationsmodell

1 **Intention**
klar

2 **Ansprache**
Name fehlt

3 **Rahmen**
diffus

4 **Diskurs**
einseitig, von der Angesprochenen geführt

5 **Abschluss**
vorhanden

Kommentar:
Frau Ahlers hat den dringenden Zahnarzttermin vor sich hergeschoben und ruft erst unter Schmerzen am Montag in der Arztpraxis an. Als sie dort jemanden erreicht, vergisst sie, ihren Namen zu nennen. Sie spricht auch die Arztsekretärin nicht mit ihrem Namen an. Sie sagt nur: „Guten Tag“, und redet einfach los. Sie sagt, dass sie schon lange Patientin in der Praxis sei, und hofft wohl, dass ihr dieser Hinweis einen zeitnahen Termin ermöglicht. Doch bleibt die Tatsache, dass sie schon länger Schmerzen hat und nun nach einem Wochenende daraus einen Notfall macht.

Frau Ahlers ist aufgeregt und etwas konfus, was die gut organisierte Frau Edelmann offenbar stört. Sie behandelt die Patientin zögerlich, bis sie ihr einen zeitnahen Termin anbietet, den sie ihr auch gleich hätte nennen können. Frau Ahlers hat wohl das Gefühl, nicht sonderlich kompetent gewirkt zu haben, und beendet schnell das Gespräch.

Die Kommunikation ist umständlich und zieht sich in die Länge. Diese Wirkung entsteht durch den wiederholten Gebrauch des Konjunktivs II. Dazu gehören alle Formulierungen mit „könnte“, „hätte“,

„wäre“ usw. Sowohl Frau Ahlers als auch Frau Edelmann wirken damit unsicher.

Alternative:

Frau Ahlers hätte nicht ungeduldig sein müssen, weil das Praxistelefon erst ab neun Uhr zu erreichen ist. Damit stand sie sich selbst im Weg. Ohne diese Aufregung hätte sie das Gespräch ruhig eröffnen und sich auf ihr Anliegen konzentrieren können: „Guten Tag, Frau Edelmann (kurze Pause nach dem Namen, bis Frau Edelmann reagiert), ich bin Frau Ahlers (Ansprache). Ich war schon öfters in Ihrer Praxis. Ich habe seit einigen Tagen zunehmend Zahnschmerzen und brauche dringend eine Behandlung (Rahmen). Ich bitte Sie um einen baldigen Termin bei Herrn Dr. Weißhaupt (Beginn Diskurs).“

Dann wäre Frau Edelmann auch zuvorkommender gewesen: „Ich grüße Sie, Frau Ahlers. Haben Sie aktuell Schmerzen? Ja, dann brauchen Sie einen raschen Termin. Ich sehe, dass wir morgen um elf Uhr noch Platz für Sie haben. Passt Ihnen das? (Diskurs Ende)“

„Oh, ich danke Ihnen. Und sagen Sie dem Herrn Doktor einen lieben Gruß, ade (Abschluss).“

Das klingt doch viel angenehmer!

Das Rockkonzert

Gabriele, die Tochter der Ahlers‘, studiert in Leipzig Germanistik. Sie hat mit ihren Eltern ausgemacht, dass sie jedes dritte Wochenende nach Hause kommt. Am 27. Mai wäre es wieder so weit gewesen. Ihr Freund Holger hat für sie zwei Karten für ein Konzert der Gruppe „Wild Man“ gekauft. Das Konzert findet am Samstag statt. Sie will lieber mit Holger zu diesem Konzert gehen. Sie ruft zu Hause an und erreicht ihren Vater: „Hallo, Papa, am Wochenende sollte ich eigentlich wieder mal nach Hause kommen. Doch ich will lieber am Samstag auf ein Rockkonzert gehen.“

„Was willst du denn auf einem Rockkonzert?“, fragt der Vater.

Gabriele antwortet: „Na, weil der Holger zwei Karten bekommen hat!“

„Ach mit dem Holger, das ist doch der Sportstudent! Der scheint mir ein rechter Hallodri zu sein.“

Gabriele wird patzig: „Ach Papa, fang nicht schon wieder damit an! Darüber will ich mit dir nicht diskutieren.“

Der Vater empört sich: „Hör mal zu, Gabriele, ich darf schon danach fragen, mit wem meine Tochter sich nachts auf irgendwelchen Chaoten-Konzerten rumtreibt! Am Ende steht der mir noch eines Tages als Schwiegersohn vor der Tür. Also du kommst mir am Wochenende nach Hause, dass das klar ist!“

Gabriele fängt an zu weinen und bricht das Gespräch ab.

Gabrieles Gespräch in der Analyse mit dem Kommunikationsmodell

1 **Intention**
unklar

2 **Ansprache**
vorhanden

3 **Rahmen**
Rahmen und Diskurs vertauscht

4 **Diskurs**
konfrontativ

5 **Abschluss**
im Streit

Kommentar:
Gabriele hat mit ihren Eltern vereinbart, dass sie alle drei Wochen am Wochenende nach Hause kommt. Sie will davon abweichen und kündigt dem Vater an, dass sie auf ein Rockkonzert gehen will. Sie muss davon ausgehen, dass das dem Vater nicht gefällt. Sie hätte gut daran getan, wenn sie dem Vater zuerst etwas Nettes gesagt hätte, um ihn zu versöhnen. Das hat gefehlt. Damit ist der Vater verärgert, und das Gespräch nimmt eine negative Entwicklung, bis Gabriele das Gespräch abbricht. Gabriele leitet den verspäteten Rahmen mit einem „weil“ ein. Das ist eine Rechtfertigung, mit der sie sich unnötig angreifbar macht.

Alternative:
Gabriele könnte das Gespräch so beginnen: „Hallo, Papa, wie geht es euch zu Hause? (Ansprache)“

Der Vater antwortet (neutral): „Naja, so weit ist alles in Ordnung.“

Gabriele sagt: „Mir geht es hier auch gut. Ich bin recht fleißig und lerne viel. Am Wochenende müsste ich eigentlich nach Hause kommen

(Das deutet eine kritische Einstellung an, welche den Vater zum Nachdenken anregen könnte). Ich habe für Samstagabend ein tolles Angebot bekommen: Holger hat zwei Karten für ein Konzert bekommen und hat mich eingeladen, ihn zu begleiten (Es könnte auch ein klassisches Konzert sein – Rahmen)."

Dazu sagt der Vater: „Das ist recht, Gabriele, du sollst dir auch etwas Schönes gönnen!" (Jetzt hat Gabriele ihren Vater schon fast an der Angel – Beginn Diskurs.) Der Vater sagt weiter: „Ach, das ist aber dumm. Du wolltest doch am Wochenende nach Hause kommen."

Gabriele antwortet: „Ja, das tut mir ja so leid. Ich würde gern kommen – das können wir ja nachholen. Papa (sie wartet, bis er reagiert), du machst mir ein großes Geschenk, wenn du damit einverstanden bist."

Der Vater sagt dazu: „Ach, meinetwegen! Dann sehen wir uns die Woche drauf! (Diskurs Ende)"

„Danke, Papa, na klar! Tschüs! (Abschluss)" Gabriele legt schnell auf und ruft: „Hurra!"

Das Motorrad-Hobby

Monika Ahlers hat Freude daran, dass sie die Leute in der Gegend kennt. In der Stadt ist ihr alles zu anonym. Hier in dem kleinen Vorort pflegt sie gern den Kontakt zur Nachbarschaft. Sie besucht ihre Freundin im Anger regelmäßig auf ein Schwätzchen. Brigitte Talmann ist 52, verheiratet und hat zwei Söhne im Alter von 23 und 19 Jahren. Der ältere studiert in München Geologie und hat konkrete Vorstellungen für seine berufliche Zukunft. Der jüngere, Friedolin, hat erst mit Mühe sein Abitur geschafft und weiß noch nicht so recht, in welche Richtung er gehen will. Vor allem liebt er sein Motorrad, mit dem er gern in der Gegend herumfährt. Frau Talmann neigt dazu, sich Sorgen über viele Dinge zu machen, und sieht auch Friedolins Motorrad-Hobby mit einiger Besorgnis. Wenn sie beobachtet, dass er den Motorradschlüssel vom Brett nimmt, bekommt sie regelmäßig Ängste. Sie ermahnt ihn jedes Mal: „Fahr bitte vorsichtig, das ist recht gefährlich mit dem Motorrad.“ Das ist ein Ritual, das Friedolin arg lästig und zuwider ist, und er antwortet jedes Mal genervt: „Mama, chill mal! Ich pass schon auf.“

Frau Talmanns Gespräch in der Analyse mit dem Kommunikationsmodell

1 Intention
verschleiert

2 Ansprache
fehlt

3 Rahmen
Rahmen und Diskurs vertauscht

4 Diskurs
Rahmen und Diskurs vertauscht

5 Abschluss
negative Emotionen

Kommentar:

Die Mutter beginnt mit dem Gespräch. Welche Intention hat sie? Der Grund für ihren warnenden Hinweis ist nur mittelbar der Sohn Friedolin. In Wirklichkeit spricht sie über ihre eigene Besorgnis um ihn und nicht über eine objektive Gefahr. Das betrifft ihren inneren Zustand. Daher ist Friedolin nicht der geeignete Ansprechpartner. Der empfindet ihre sorgenvollen Hinweise als ihre eigene Sache und empfiehlt ihr, sich abzuregen. Das wäre schon sinnvoll, doch kommt es durch seine Reaktion nicht an und entlastet sie nicht.

Die Mutter fühlt sich schlecht mit ihren ständigen Ermahnungen und sie weiß, dass sie damit auch keine Einsicht oder gar eine Verhaltensänderung bei Friedolin bewirkt. Sie überlegt, wie sie das besser machen und sich und ihrem Sohn Gefühle von Ärger ersparen könnte. Ihre Sorge um das Wohl von Friedolin kann ihr niemand wegnehmen, aber sie will diese nicht mehr zeigen. Das könnte auch ihren Sohn entlasten (Intention).

Alternative:

Frau Talmann wählt eine Herangehensweise, mit der ihr Sohn sich wohlfühlt: Als sie ihn das nächste Mal zum Schlüsselbrett gehen sieht, um sich den Motorradschlüssel zu holen, sagt sie freundlich:

„Friedolin (Ansprache), ich wünsche dir eine gute Fahrt! (Diskurs)“ Sie wundert sich, dass ihr das so leicht und sorglos über die Lippen kam.

Friedolin dreht sich zu ihr um und sagt fröhlich: „Ich danke dir, Mama. Ich werde vorsichtig fahren und in einer Stunde wieder da sein (Abschluss).“

Damit nimmt die Kommunikation einen guten Verlauf. Hier geht es um ein Ritual, das seinen Zweck nicht erfüllt, sondern nur Ängste verstärkt und Ärger verursacht. Das erfordert eine Änderung der inneren Einstellung bei der Mutter und eine Verhaltensänderung nach außen. Mit der positiven sprachlichen Formulierung verringert sich ihre Sorge, und die erfreute Reaktion Friedolins beruhigt sie zusätzlich. Friedolin fühlt sich nicht gemaßregelt und baut mit seiner Antwort gegen die Ängste der Mutter vor. So geht es beiden gut.

HERR WIEDEMANN

Herr Wiedemann, Herrn Ahlers‘ Onkel, wohnt in einer gepflegten Villa im Ulmenweg. Dort lebt er seit dem Tod seiner Frau allein. Er ist Immobilienhändler und hat in der nahegelegenen Kreisstadt Illerberg ein bekanntes Immobilienbüro. Er hat viel Freude an seiner Arbeit und leitet sein Büro auch jetzt, wo er allein ist, mit seinen 70 Jahren weiter. Wenn er nicht gerade arbeitet, dann spielt er auf seinem Saxofon.

Meinungsverschiedenheit im Immobilienbüro

Herr Wiedemann hat zwei Mitarbeiter: Herr Zettel ist Bankkaufmann, Herr Messbauer ist Architekt. Außerdem arbeiten in seinem Büro noch zwei Assistentinnen.

Der Kaufmann und der Architekt sind öfters verschiedener Ansicht über bestimmte Immobilien. Herr Zettel orientiert sich nur am aktuellen Marktwert eines Objektes, Herr Messbauer berechnet die zu erwartenden Kosten bei den notwendigen Umbauten und Renovierungen. Bei dem Reihenhaus in der Friedrichstraße kommt Herr Zettel auf einen Wert von 760.000 Euro, Herr Messbauer auf 720.000 Euro.

„Da war im Erdgeschoss eine Zahnarztpraxis, die kann der Kunde als Rechtsanwalt nicht gebrauchen und muss alles rausreißen, das kostet den Käufer viel Geld. Wenn wir die Renovierung noch übernehmen, können wir viel mehr verdienen als die 40.000 Euro“ – so die Meinung von Herrn Messbauer.

„Ich sehe schon, Sie wollen da noch ein Geschäft für sich selbst rausholen, das geht das Immobilienbüro doch nichts an. Wir müssen die Immobilie so gut vermitteln, wie es möglich ist, und zwar in dem Zustand, wie sie angeboten wird“, erwidert Herr Zettel.

„Das ist eine gemeine Unterstellung, dass ich nur Vorteile für mich gewinnen will“, protestiert Herr Messbauer.

Herr Wiedemann kommt dazu und brüllt: „Ich dulde nicht, dass in meiner Firma so gestritten wird. Bitte einigen Sie sich und geben Sie mir dann Bescheid.“

Herrn Messbauers und Herrn Zettels Gespräch in der Analyse mit dem Kommunikationsmodell

1 **Intention**
konfrontativ

2 **Ansprache**
fehlt

3 **Rahmen**
fehlt

4 **Diskurs**
aggressiv

5 **Abschluss**
offen

Kommentar:
Die beiden Mitarbeiter sind wieder einmal zerstritten. Der Chef erwartet eine einvernehmliche Entscheidung von ihnen. Es wird nicht klar, wer das Gespräch eröffnet und mit welcher Intention. Formal betrachtet sprechen sich alle Beteiligten nicht mit ihren Namen an. Damit wird ein positiver Gesprächsverlauf schon von vornherein belastet. Ohne einen einleitenden Rahmen für das Gespräch beginnen sie einen feindlichen Diskurs, der keine Einigung verspricht. Die Spannung zwischen den beiden Mitarbeitern besteht offenbar schon länger. Wie können die beiden das lösen?

Alternative:
Einer von beiden muss den grundsätzlichen Willen zu einer guten Zusammenarbeit aufbringen und danach handeln. Zum Beispiel so:

„Guten Tag, Herr Kollege Messbauer. Ich habe mir die Daten zu dem Haus in der Friedrichstraße angesehen. Sie kommen zu einem anderen Wert als ich. Dazu haben Sie sicher Ihre Gründe, sagen Sie mir bitte etwas dazu!“

Herr Messbauer bringt die obige Begründung.

Herr Zettel erwidert: „Sie rechnen die anfallenden Umbaukosten von dem Wert der Immobilie ab. Das erscheint mir so nicht gerechtfertigt. Den Auftrag für den Umbau können wir ja durch ein zusätzliches Angebot gewinnen. Halten Sie das für eine Lösung?“

Hier nimmt Herr Zettel die Begründung des Architekten auf und bietet eine Einigung an. Wir wissen nicht, ob Herr Messbauer darauf eingehen wird, aber es ist ein Anfang.

Im Bauamt

Herr Wiedemann hat des Öfteren mit dem örtlichen Landratsamt zu tun. Auch hier gibt es gelegentlich intern strittige Punkte. So ist es auch in der folgenden Situation im Bauamt. Herr Engelmeyer ist der Amtsleiter des Bauamts.

Er betritt das Büro, in dem drei Mitarbeiter an Schreibtischen sitzen. Herr Engelmeyer hält ein Schreiben des Landtagsabgeordneten Hillmer in der Hand. Er kommt ohne Gruß in den Raum und platzt heraus:

„Was ist denn das für ein Unsinn? Der Bauer Oberholzer hat angeblich ohne unsere Genehmigung ein großes Gewächshaus am Hinteranger gebaut!"

Der langjährige Mitarbeiter Harald Stromer antwortet: „Ja Chef, das steht doch schon seit fünf Jahren!"

„Na und?", erwidert Herr Engelmeyer. „Gibt es dafür eine Genehmigung?"

Darauf sagt Herr Stromer: „Also, ich denk schon! Der Landrat Meierhofer hat jedenfalls davon gewusst."

„Ich habe gefragt, ob es da eine Genehmigung gibt!" Herrn Engelmeyers Stimme wird lauter. Die anderen beiden Mitarbeiter schauen erstaunt von ihrer Arbeit auf und beobachten das Geschehen. Der eine denkt sich: „Da hat der Stromer wohl etwas gemauschelt!"

Herr Stromer antwortet Herrn Engelmeyer etwas verlegen: „Also wir haben da nichts. Da müssten wir den Landrat fragen. Der hat das seinerzeit gemacht."

Herr Engelmeyer schüttelt den Kopf und sagt: „Das gibt's doch gar nicht! Herr Stromer, klären Sie mir das bitte!" Er wirft Herrn Stromer das Schreiben des Abgeordneten auf den Schreibtisch und verlässt schnaubend das Büro.

Herrn Engelmeyers Gespräch in der Analyse mit dem Kommunikationsmodell

1 **Intention**
verschleiert

2 **Ansprache**
fehlt

3 **Rahmen**
Rahmen und Diskurs vertauscht

4 **Diskurs**
abwertend

5 **Abschluss**
abgebrochen

Kommentar:
Herr Engelmeyer ahnt vermutlich, dass die Angelegenheit für ihn unangenehm sein kann, und hofft, sich aus der Sache herauswinden zu können. Er verschleiert daher sein Anliegen. Er kommt grußlos herein und versäumt es, jemanden konkret anzusprechen. Dann lässt er nach der fehlenden Anrede auch den Rahmen weg und platzt direkt mit seinem Ärger heraus. Der Mitarbeiter Stromer bringt sich im Diskurs konstruktiv ein. Herr Engelmeyer fordert ihn ärgerlich auf, die Sache zu klären. Er bricht das Gespräch ab, indem er das Büro wütend verlässt.

Dabei lässt er seinen Mitarbeiter Herrn Stromer mit der Sache allein. Dieser ist hilflos – er kann doch den Landrat nicht beschuldigen, unkorrekt gehandelt zu haben. Das könnte ihn seine Karriere kosten. Für Herrn Stromer ist das eine ausweglose Situation. Das wird Kreise ziehen und weiteren Unmut bringen. Auch Herr Engelmeyer hat nun Sorgen um seine eigene Karriere. Was könnte er tun?

Alternative:
Herr Engelmeyer kommt am Nachmittag zurück in das Büro seiner drei Mitarbeiter und sagt ehrlich, was los ist und wie er vorgehen will (Intention). Er beginnt folgendermaßen:

„Meine Herren (persönliche Ansprache), wir sind in einer schwierigen Situation (Rahmen, emotionaler Aspekt). Der Landrat hat damals großen Druck auf uns ausgeübt. Wir sollten den Bau des Gewächshauses unbedingt genehmigen. Dazu hätte es bei dieser Größe des Objekts eines Beschlusses des Gemeinderates bedurft. Ich habe die Dimensionen damals falsch eingeschätzt (Rahmen, inhaltlicher Aspekt)."

Hierzu äußern sich die Mitarbeiter teilnahmsvoll: „Ach so war das!"

Herr Engelmeyer ergreift wieder das Wort: „Herr Stromer, bitte schreiben Sie dem Abgeordneten, dass wir damals davon ausgegangen seien, dass das Objekt deutlich kleiner wird und somit keiner Genehmigung bedurfte (Diskurs). Das ist zwar nicht ganz korrekt, das müsste jedoch für den Abgeordneten von der Opposition langen (Abschluss)."

Ein unschlüssiger Kunde

Es ist 7:45 Uhr. Herr Wiedemann ist beim Bäcker, um sich sein tägliches Frühstückscroissant zu holen. Der Laden ist voll. Ein weiterer Kunde steht in der Reihe und wartet. Er arbeitet im nahegelegenen Landratsamt. Als er dran ist, spricht ihn die Verkäuferin freundlich an: „Bitte schön, was wünschen Sie?“

„Ja, ich weiß nicht so recht. Nehme ich was Herzhaftes? Ach nein, lieber was Süßes.“

„Die Schnecken kommen gerade aus dem Ofen – oder möchten Sie lieber Butterhörnchen?“ Die Verkäuferin wartet.

„Sind die Butterhörnchen mit Schokolade?“

„Nein, da müssten Sie Nussecken nehmen.“

„Ach, ja, da haben Sie recht!“, sagt der Kunde langsam.

Die anderen Kunden werden merklich ungeduldig. Die Verkäuferin wird nervös. Sie drängt ihn: „Ja, da müssen Sie sich jetzt entscheiden, die andern Kunden wollen auch bedient werden.“

„Also, liebe Frau, jetzt schreien Sie mich nicht an, ich bin Ihr Kunde!“, antwortet der Mann schnippisch.

Die Verkäuferin erwidert mit erhöhter Stimme: „Ich schrei Sie nicht an, also sagen Sie mir jetzt, was Sie wollen, sonst müssen Sie halt wieder gehen.“

„Unverschämtheit!“, brummelt der Kunde, dreht sich um und verlässt den Laden.

Das Gespräch der Verkäuferin in der Analyse mit dem Kommunikationsmodell

1 Intention
unsicher

2 Ansprache
vorhanden

3 Rahmen
vorhanden

4 Diskurs
verzögert und unbefriedigend

5 Abschluss
im Streit

Kommentar:

Der Bäckerladen ist voll. Ein zögerlicher Kunde kann sich nicht schnell genug entscheiden, was er haben will. Die Kunden werden ungeduldig und schließlich die Verkäuferin auch. Das Zögern des Kunden stört die Anwesenden. Die Verkäuferin weist ihn unfreundlich zurecht – und die Kommunikation platzt. Wir können uns vorstellen, dass die Kunden unterschiedlicher Meinung sind, wer „Schuld" an dem Ärgernis hat, und wie alle im Laden durcheinanderreden.

Alternative 1:

Die Verkäuferin wird langsam nervös. Sie entscheidet sich dafür, dem Kunden die Entscheidung zu erleichtern und etwas nachzuhelfen (Intention). Sie führt ihn mit einer klaren Empfehlung im Rahmen und dann einer ebenso klaren Frage im Diskurs:

„Ich bitte Sie, sich zu entscheiden. Wie kann ich Ihnen helfen? Ich empfehle Ihnen die Nussschnecken. Ich gebe Ihnen zwei davon (Rahmen). Ist das recht so? (Beginn Diskurs)"

Der Kunde antwortet: „Ja, eigentlich ... Ja, wenn Sie meinen (Diskurs Ende)."

Die Verkäuferin packt ihm zwei Nussschnecken ein, die er auch gleich bezahlt, und wünscht ihm einen schönen Tag (Abschluss). Der Kunde verlässt den Laden. Hier überrumpelt die Verkäuferin den Kunden. Dies ist eine Möglichkeit, die allen hilft – wenn der Kunde das akzeptiert.

Alternative 2:

Die Verkäuferin zeigt Verständnis und entscheidet sich dafür, dem Kunden Zeit für seine Wahl zu lassen, und nimmt dafür erst einen anderen Kunden dran (Intention). Auch in dieser Variante führt sie den Kunden mit dem Rahmen und dem anschließenden Diskurs. Sie sagt freundlich:

„Sie brauchen noch etwas Zeit, um sich zu entscheiden. Das ist in Ordnung (Rahmen). Bitte lassen Sie den nächsten Kunden vor (Beginn Diskurs). Ich nehme Sie danach gern wieder dran (Diskurs Ende)."

Damit gibt sie ihm die Zeit, die er braucht. Wahrscheinlich wird er sich jetzt schnell entscheiden. Am Schluss wird sie ihm auch in dieser Variante abschließend einen schönen Tag wünschen.

Eine persönliche Ansprache mit dem Namen ist in der Bäckerei nur dann möglich, wenn die Verkäuferin oder der Verkäufer den Kunden namentlich kennt. Wenn der Verkäufer den Namen nicht kennt, dann ist ein bewusster Blickkontakt mit einem freundlichen „Guten Morgen" für den zweiten Schritt, die Ansprache, eine hilfreiche Variante. Den Namen zu kennen und zu gebrauchen, ist noch persönlicher. Jeder Kunde freut sich, wenn der Verkäufer ihn mit dem Namen anspricht. Er fühlt sich damit persönlich gesehen und kauft dort umso lieber ein. Es ist dann bald seine Lieblingsbäckerei.

FAMILIE TAUSCHNER

Herr Dr. Christian Tauschner ist Facharzt für Allgemeinmedizin. Er ist der langjährige Hausarzt der Familie Ahlers. Dr. Tauschner hat seine Praxis in Birkenfeld in der Hauptstraße und wohnt mit seiner Familie drei Straßen weiter in einem modernen Einfamilienhaus in der Fichtenstraße. Frau Tauschner ist Journalistin und arbeitet bei einem Wirtschaftsmagazin. Sie haben zwei Söhne: Benedikt ist 13 und Oliver ist 10 Jahre alt, beide gehen in die Hedenus-Realschule.

Ein Pharmareferent kommt in die Praxis

Nach langer Zeit kommt der Pharmareferent Frank Manhold in die Praxis von Dr. Tauschner. Er begrüßt den Arzt: „Guten Tag, Herr Dr. Tauschner (keine Pause), Frank Manhold von Cerebro-Pharma. Ich war schon länger nicht mehr bei Ihnen. Sie haben ja mittlerweile eine renommierte Praxis. Läuft alles gut? Sie verschreiben oft unser bewährtes Mittel Normopress. Wie sind Sie damit zufrieden? Wird es von Ihren Patienten gut angenommen?“

Dr. Tauschner antwortet: „Ich höre öfters, dass die Patienten über Störungen der Verdauung klagen. Deshalb sind wir auf das alte Ulipal ausgewichen.“

„Ja, das ist uns auch bekannt“, erwidert Herr Manhold. „Dazu kann ich Ihnen etwas Interessantes sagen. Wir haben gerade ein neues Präparat auf den Markt gebracht: Normopress Soft. Das verursacht keine Verdauungsstörungen. Das kann ich Ihnen sehr empfehlen. Sie werden von der Wirkung überzeugt sein. Ulipal ist ja nun wirklich out.“

„Also wir fahren recht gut damit“, meint Dr. Tauschner. „Die Patienten sind damit zufrieden.“

Herrn Manholds Gespräch in der Analyse mit dem Kommunikationsmodell

1 **Intention**
klar

2 **Ansprache**
vorhanden, ohne Pause nach dem Namen

3 **Rahmen**
manipulativ

4 **Diskurs**
vorhanden

5 **Abschluss**
unbefriedigend (im Sinne der Absicht)

Kommentar:
Herr Manhold betont, dass er schon länger nicht mehr bei Dr. Tauschner in der Praxis war. Das ist höchstens ein Versäumnis, bringt aber für den Arzt keine sinnvolle Information. Dann schließt er eine schmeichelhafte Anmerkung über die Praxis an und fragt jovial, wie diese läuft. Dann kommt heraus, was er zu dem wenig erfolgreichen Normopress zu sagen hat, und schließlich macht er Werbung für das neue Präparat. Zu diesem sagt er nur etwas Leugnendes: „keine Verdauungsstörungen". Das ist eine Negation. Sonstige Vorzüge des neuen Präparats nennt der Pharmareferent nicht. Das lang gebräuchliche Ulipal der Konkurrenz wertet er mit der Begründung ab, dass es schon lange auf dem Markt ist. Es verkauft sich offenbar gut. Bei dieser Kommunikation fehlt beim zweiten Schritt, der Ansprache, die Pause nach dem Namen. Im vierten Schritt, dem Diskurs, irritiert die Negation. Negationen sagen nichts über das Vorhandene oder Erwünschte aus. Sie stehen für eine schlechte Lösung.

Alternative:
So könnte der Dialog gewinnbringend für beide Seiten verlaufen:

„Guten Tag, Herr Dr. Tauschner (Pause, bis er reagiert), ich bin Frank Manhold von Cerebro-Pharma (Ansprache). Ist es Ihnen recht, dass ich Ihnen kurz ein neues Präparat unserer Firma vorstelle – es wird kaum fünf Minuten dauern? (Rahmen)“

„Ja, fünf Minuten habe ich schon Zeit.“

„Ich danke Ihnen! Ich erinnere Sie an unser Normopress, das Sie auch gern verschreiben (Beginn Diskurs).“

„Naja, die Patienten klagen öfters über Verdauungsbeschwerden. Deswegen geben wir lieber das alte Ulipal.“

„Ja, Herr Dr. Tauschner, das hat uns auch Sorgen gemacht. Ich kann Ihnen eine erfreuliche Mitteilung machen. Wir haben ein neues Präparat mit dem Namen Normopress Soft herausgebracht, welches deutlich verträglicher ist. Dazu gibt es auch eine flüssige Variante, die sich angenehm einnehmen lässt (positive Beschreibung).“

„Das klingt interessant. Wir brauchen ein modernes Präparat aus diesem Segment für unsere Leute. Schicken Sie mir bitte genügend Proben, dann werde ich das gerne ausprobieren.“

„Das werde ich gleich am Montag tun (Ende Diskurs). Das wars schon, Herr Dr. Tauschner, ich wünsche Ihnen einen guten Abend (zielführender Abschluss).“

Die Videokonferenz

Frau Tauschner ist Journalistin und arbeitet in der Redaktion der Management-Zeitschrift „Wirtschaftsparadies". Sie hat eine Halbtagsstelle. So kann sie ihrer Familie und ihrem Beruf gerecht werden. Zu ihren Aufgaben gehören die Themen Gesundheit am Arbeitsplatz und Burnout-Prophylaxe. Sie weiß aus eigener Erfahrung, wie wichtig es ist, auf die eigene Gesundheit zu achten und auch auf die der Mitarbeiter und Mitarbeiterinnen in einem Unternehmen. Hier wünscht sie sich in zahlreichen Unternehmen noch deutlich mehr Sensibilität und Bereitschaft, etwas dafür zu tun.

Das „Wirtschaftsparadies" hat seinen Sitz in der ca. 150 Kilometer entfernten Großstadt. Frau Tauschner fährt an zwei Tagen der Woche in die Redaktion, an den anderen beiden Tagen arbeitet sie von daheim aus im Homeoffice. Dafür hat sie sich im oberen Stockwerk ihres Hauses ein Arbeitszimmer eingerichtet. Da hat sie alles, was sie technisch braucht, um mit der Redaktion und mit Kunden kommunizieren zu können. Sie ist glücklich mit der Kombination von Bürozeiten in der Redaktion und Arbeitszeiten im Homeoffice. Nur eines stört sie erheblich – das ist die oft mangelnde Disziplin anderer bei den virtuellen Besprechungen. Zum guten Ton gehört es dabei, dass alle Teilnehmer der Besprechung nach jedem eigenen Redebeitrag ihr Mikrofon wieder ausschalten. Wenn jemand sein Mikrofon anlässt, führt das bei allen anderen zu störenden Nebengeräuschen. Dann ist das Herunterfallen eines Stifts ebenso zu hören wie das Blättern in einem Block oder Buch. Das lenkt nicht nur ab – es tut in den Ohren manchmal richtig weh.

Besonders nachlässig ist Frau Tauschners Chefin Bettina Groß. Sie ist hier alles andere als ein Vorbild. Sie lässt ihr Mikrofon oft an. Das ärgert Frau Tauschner.

Sie hat sie kürzlich vorsichtig darauf aufmerksam gemacht: „Bettina (ohne Pause nach dem Namen), kannst du bitte dein Mikrofon ausmachen, weil es starke Hintergrundgeräusche gibt, und die stören."

Die Chefin antwortete patzig: „Oh Mann, manchmal bist du wirklich überempfindlich!", und machte das Mikrofon nach ihrem nächsten Beitrag aus. Doch nach wenigen Minuten hatte sie das Mikrofon wieder vergessen und ließ es an.

Frau Tauschner wagte noch einmal einen Hinweis: „Entschuldigung, Bettina, könntest du das Mikro bitte ausmachen? Ist bei dir eine Baustelle, oder was macht da so einen Lärm? Geht es anderen auch so, dass das angeschaltete Mikro so stört?“ Da äußerten sich auch zwei Kollegen und bestätigten dies.

Frau Groß setzte sich zur Wehr: „Ich kann das Mikro nicht dauernd an- und ausmachen. Das ist mir zu blöd. Ich rede ja viel häufiger als ihr. Also, wo waren wir? Ach ja, beim Angebot von Lingva Eterna zu einem Artikel über die Wirkung der Sprache und der gewohnten Sprachmuster auf das Arbeitsklima und auf die Gesundheit der Mitarbeiter und Mitarbeiterinnen.“

Frau Tauschners Gespräch in der Analyse mit dem Kommunikationsmodell

1 Intention
klar

2 Ansprache
vorhanden

3 Rahmen
mit Diskurs vertauscht wegen „weil“

4 Diskurs
falsche Satzart, falsches Modalverb

5 Abschluss
unangenehme Stimmung

Kommentar:
Frau Groß empfindet Frau Tauschners Hinweis als Vorwurf. Sie fühlt sich von ihr gemaßregelt und blockiert daraufhin. Der Auslöser für Frau Groß‘ Abwehr ist ein Fehler in der Reihenfolge der einzelnen Schritte. Bis zur Ansprache hat die Kommunikation gestimmt. Frau Tauschner

spricht ihre Chefin mit dem Namen an, doch spricht sie nach dem Namen ohne Pause weiter. Damit wirkt sie fordernd. Danach lässt sie den Rahmen weg und leitet direkt in den Diskurs über: „Kannst du bitte dein Mikro ausmachen?“ Damit stellt sie ihr eine Frage. Dabei fragt sie zudem, ob sie das Mikro ausstellen könne. Doch geht es nicht um Können. Ohne ihr Zeit für eine Antwort zu lassen, redet sie weiter und liefert den Rahmen im Anschluss an den Diskurs mit einem Weil-Satz nach. Da hört Frau Groß als Letztes: „stören“ – und reagiert mit Abwehr.

Der Grund für die missglückte Kommunikation ist das Verdrehen der Schritte drei und vier durch das „weil“ sowie die falsch gewählte Satzart und das Modalverb „können“. Mit dem Weil-Satz wirkt Frau Tauschner, als ob sie sich rechtfertigen müsste. So macht sie sich klein.

Alternative:

Bei der geordneten Reihenfolge der Sätze wird im Diskurs statt der Frage eine klare, freundliche Aufforderung möglich.

„Bettina (Ansprache; Pause, bis sie reagiert), ich höre störende Hintergrundgeräusche. Dein Mikrofon ist noch an. Ich glaube, dass das die Ursache für die Nebengeräusche ist (Rahmen). Bitte schalte dein Mikrofon aus (Diskurs).“

Bei dieser Variante wirkt Frau Tauschner selbstbewusst und klar. Die Chefin wird das Mikrofon gleich ausmachen und ihrer Mitarbeiterin vielleicht sogar für den Hinweis danken (Abschluss).

Bei diesem Gesprächsaufbau verschwindet jegliche Dramatik aus der Situation, und die Besprechung kann zur Zufriedenheit aller weitergehen.

In der Patientenaufnahme des Krankenhauses

Dr. Hanoud ist ein Freund von Dr. Tauschner. Er arbeitet in der Aufnahme des Kreiskrankenhauses. Dr. Hanoud ist Tunesier. Er ist groß und schlank und sieht gut aus. Er spricht sehr gut Deutsch und ist anerkannt und beliebt in seiner Abteilung.

Am letzten Freitag um kurz nach 14 Uhr kommt Frau Aldermatt in Begleitung ihres Ehemannes in die Aufnahme. Sie klagt über starke Nackenschmerzen. Dr. Hanoud begrüßt sie freundlich lächelnd und fragt sie nach ihren Beschwerden. Frau Aldermatt findet ihn sympathisch. Herr Aldermatt ist eher beunruhigt. Während Dr. Hanoud sich etwas abwendet, um sich die Hände zu waschen, raunt er seiner Frau zu: „Du willst dich von dem Schwarzen doch nicht anfassen lassen."

Der Arzt spricht Frau Aldermatt freundlich an und fragt zunächst: „Wollen Sie, dass Ihr Mann bei der Untersuchung dabeibleibt?"

„Meinetwegen!", antwortet sie unsicher.

„Ich werde jetzt Ihre Nackenmuskulatur abtasten, das kann vielleicht etwas unangenehm sein. Ich gehe ganz vorsichtig ran", erklärt der Arzt. Er hat die abfällige Bemerkung des Ehemanns gehört und denkt: So ein Schnösel. „Haben Sie das schon öfter gehabt und bei welcher Gelegenheit sind die Schmerzen aufgetreten?", erkundigt er sich anschließend bei der Patientin und beginnt, ihren Nacken abzutasten. Diese schreit plötzlich vor Schmerzen auf.

Darauf springt Herr Aldermatt auf und ruft: „Was machen Sie da mit meiner Frau? Sie sollen ihr die Schmerzen nehmen und ihr nicht noch mehr Schmerzen machen! Und wozu wollen Sie wissen, bei welcher Gelegenheit die Schmerzen auftreten? Das geht Sie gar nichts an."

Jetzt macht Dr. Hanoud ein verzweifeltes Gesicht. Als erfahrener Arzt bleibt er ruhig und spricht mit dem Ehemann: „Herr Aldermatt, ich muss Ihre Frau erst untersuchen, bevor ich sie gezielt behandeln kann. Wollen Sie nicht doch lieber draußen Platz nehmen, Sie sind sehr sensibel und unnötig besorgt um Ihre Frau. Hier passiert nichts Schlimmes!"

„Was?", ruft Herr Aldermatt erregt. „Sind Sie wahnsinnig? Sie wollen mich rausschmeißen – und jetzt bin ich auf einmal sensibel. Na sowas!"

Hier schaltet sich Frau Aldermatt ein: „Aber Egon!"

Und so geht das weiter.

Herrn Dr. Hanouds Gespräch in der Analyse mit dem Kommunikationsmodell

1 **Intention**
klar

2 **Ansprache**
freundlich

3 **Rahmen**
klar

4 **Diskurs**
entgleist durch Einmischung von außen

5 **Abschluss**
Ärger

Kommentar:
Hier ist unklar, wer die Intention zu diesem Treffen hat. Vermutlich ist es Frau Aldermatt, die sich aber in dieser Geschichte nicht äußert. Herr Aldermatt hat Bedenken und traut dem ausländischen Arzt nicht. Dr. Hanoud ist es gewohnt, als Arzt zu handeln. Er eröffnet das Gespräch und bereitet damit die Untersuchung und Behandlung vor. Er spricht Frau Aldermatt als Patientin freundlich an und fragt zunächst, ob Herr Aldermatt bei der Untersuchung zugegen sein soll. Dann erklärt er, wie er mit der Untersuchung anfangen wird. Beides gehört zum Rahmen. Der Diskurs besteht aus seiner Behandlung und richtet sich an die Patientin. Auf deren Aufschrei reagiert Herr Aldermatt, um den es hier gar nicht geht, und wahrt dabei nicht die angemessene Form. Damit läuft die Kommunikation aus dem Ruder und wir wissen nicht, ob es gelingt, sie wieder aufzunehmen.

Alternative:

Herr Dr. Hanoud fragt Frau Aldermatt, ob es ihr recht ist, wenn ihr Mann bei der Untersuchung nicht mit dabei ist. Angesichts der abfälligen Bemerkung des Ehemanns hält der Arzt es für ratsam, dass er ihn draußen warten lässt, um die Untersuchung und die anschließende Behandlung in Ruhe durchführen zu können (Intention).

„Frau Aldermatt, ich glaube, es ist besser, wenn Ihr Mann draußen wartet (Rahmen). Bitte erklären Sie ihm das (Beginn Diskurs). Ich kann sonst nicht in Ruhe arbeiten."

Nun wendet er sich dem Ehemann zu: „Herr Aldermatt, die Untersuchung wird nur ein paar Minuten dauern, dann kommt Ihre Frau wieder zu Ihnen. Alles wird gut sein. Lassen Sie uns jetzt bitte allein! (Ende Diskurs)" Er bittet die anwesende Krankenschwester: „Bitte Schwester, bringen Sie Herrn Aldermatt nach draußen und beruhigen Sie ihn etwas! Kommen Sie bitte gleich wieder für die Untersuchung herein." Als Herr Aldermatt sich von der Schwester nach draußen geleiten lässt, fügt der Arzt an: „Ich danke Ihnen (Abschluss)."

Nur die Patientin und der Arzt entscheiden, wer bei der Behandlung dabei sein darf.

Mit dieser Anleitung wird sich Herr Aldermatt sicher gut führen lassen. Ängstliche Angehörige sind in der Arztpraxis oder im Krankenhaus oft schwierig zu führen und bedürfen einer achtsamen Behandlung.

Geringfügiger Anlass – großer Streit

Auch Thomas Maurer, Dr. Hanouds Kollege, arbeitet im Kreiskrankenhaus Illerberg. Er ist dort Assistenzarzt in der Chirurgie. Bei der Visite sieht er, dass bei der Patientin Frau Wintergarten der Verband am linken Unterschenkel nicht erneuert ist. Er fährt die Pflegekraft an: „Maria, warum ist der Verband nicht gewechselt worden?"

Maria antwortet: „Herr Doktor, Sie wollten doch vorher die Wunde noch sehen. Sie sind aber heute früh nicht gekommen. Da habe ich halt abgewartet."

„Ach so ein Blödsinn!", fährt sie Dr. Maurer an. „Ich musste einen akuten Notfall versorgen. Da müssen Sie halt von sich aus was machen."

Nach der Visite kommt Dr. Maurer auf Schwester Maria zu: „Schwester Maria, ich habe Sie bei der Visite unfreundlich angesprochen. Ich war im Moment überfordert. Sie haben ganz korrekt gehandelt. Das tut mir leid."

Damit ist Schwester Maria zufrieden. Sie erzählt den Vorfall jedoch ihren Kolleginnen auf der Station und freut sich, dass der Arzt nach der Visite klein beigegeben hat. Die Kolleginnen sind empört über das anfängliche Verhalten des Arztes. Daraufhin sieht sich Schwester Maria veranlasst, die Sache nicht auf sich beruhen zu lassen. Von den Kolleginnen angefeuert geht sie zur Pflegeleitung und beschwert sich über den Arzt. Die Pflegedienstleiterin ist ebenfalls empört und meint: „Das ist wieder mal so ein junger Schnösel, der glaubt, das Pflegepersonal schikanieren zu müssen." Sie wird deswegen beim ärztlichen Direktor vorstellig und beklagt das Verhalten des Arztes. Das wiederum zieht Kreise und verdirbt schließlich für einige Zeit das Klima auf der ganzen Abteilung.

Schwester Marias Gespräch in der Analyse mit dem Kommunikationsmodell

1 **Intention**
Beschwerde

2 **Ansprache**
vorhanden

3 **Rahmen**
vorhanden

4 **Diskurs**
unangemessen

5 **Abschluss**
Eskalation

Kommentar:
So leicht läuft eine solch geringfügige Sache aus dem Ruder. Schwester Maria ist mit Dr. Maurers Entschuldigung zunächst zufrieden. Erst beim Weitererzählen und bei der aufkeimenden Freude über dessen Kleinbeigeben kommen bei einigen Personen Emotionen auf, die unterschiedlichste Gründe haben mögen und die Sache schließlich immer komplizierter werden lassen.

Schwester Maria hat zunächst nicht die Intention, dem jungen Arzt zu schaden. Er hat sich für sein Fehlverhalten entschuldigt, und damit wäre der Kommunikationsakt abgeschlossen gewesen. Dann kommt im Gespräch die Geschichte auf eine andere Ebene. In vielen Krankenhäusern besteht eine mehr oder weniger ausgeprägte Rivalität zwischen Ärzten und Pflegekräften. Das hat eine lange Vorgeschichte, bei der die Ärzte manchmal keine ruhmreiche Rolle gespielt haben. Gelegentlich spielen dabei unselige Emotionen mit und belasten die so wichtige Zusammenarbeit. Sie können in regelmäßigen Teamsitzungen mit qualifizierter Supervision bearbeitet werden. Das geschieht oft nur unzureichend oder gar nicht. Wo solche Supervisionen stattfinden, ist dies von großem Nutzen.

Alternative:

Schwester Maria geht zu ihrer Pflegedienstleiterin und berichtet ihr empört davon, wie der Assistenzarzt Dr. Maurer sie vor der Patientin angefahren hat. Statt sich aufzuregen und gleich ein Urteil zu fällen, fragt die Pflegedienstleiterin sie: „Wie ist das weitergegangen? Haben Sie danach mit Dr. Maurer noch einmal gesprochen?“

„Nein, nicht ich habe ihn angesprochen. Er ist am Nachmittag noch einmal zu mir gekommen und hat sich für sein Verhalten entschuldigt“, erklärt Schwester Maria.

„Ah, damit erscheint die Situation in einem neuen Licht. Wie war das dann für Sie?“

„Ich war zufrieden. Ich habe dann den Kolleginnen von dem Vorfall erzählt. Dann haben wir uns gemeinsam über manche Ärzte aufgeregt.“

Da sagt die Pflegedienstleiterin ruhig: „Liebe Schwester Maria (Ansprache), Dr. Maurer hat seinen Fehler eingesehen und hat sich bei Ihnen entschuldigt. Fehler sind menschlich, und er hat zu seinem Fehler gestanden (Rahmen). Mit seinem Verhalten hat er Größe gezeigt (Beginn Diskurs).“

Schwester Maria überlegt. Dann sagt sie: „Ja, das stimmt. Was hätte er denn sonst machen können, nachdem ihm der Fehler unterlaufen war. Mir ist jetzt gar nicht mehr so recht klar, warum ich mit der Sache überhaupt zu Ihnen gekommen bin. Ich habe jetzt einen neuen Blickwinkel gewonnen, und für mich ist die Angelegenheit jetzt in Ordnung.“

„Das freut mich“, antwortet die Pflegedienstleiterin. „Damit lassen wir die Sache jetzt gut sein (Diskurs Ende). Ich danke Ihnen für Ihre Offenheit und dass Sie zu mir gekommen sind! (Abschluss)“

Die Selbstständigkeit von Schülern fördern

Erwin Rosenbaum ist Klassenlehrer in der sechsten Klasse der Hedenus-Realschule. Er kennt das Lingva Eterna Kommunikationsmodell schon seit einigen Jahren und wendet es aus Überzeugung regelmäßig an.

Herr Rosenbaum hält es für wichtig, dass seine Schüler und Schülerinnen Eigenverantwortung entwickeln. Darum fördert er ihre Selbstständigkeit, wo immer es ihm möglich ist. Das ist seine Intention! Eine dieser Möglichkeiten sind die Aufgaben, die die Schüler zu Hause ausführen. Er gibt sie ihnen jeweils am Mittwoch, und sie sollen sie bis zum darauffolgenden Mittwoch erledigen und ihm dann ohne weitere Aufforderungen selbstständig auf seinen Tisch im Klassenzimmer legen. Sie dürfen sie auch schon vorher abgeben. Er schaut dann am Mittwoch die Arbeiten durch und prüft, ob alle Kinder ihre Hausübungen pünktlich abgegeben haben.

Heute fehlt die Hausarbeit von Benedikt. Er ruft den Buben zu sich: „Benedikt (Ansprache), komm bitte zu mir." Dann wartet er, bis Benedikt bei ihm ist. „Ich habe die Hausübungen durchgeblättert. Deine Hausübung fehlt (Rahmen). Bis wann kannst du deine Hausübung abgeben? Was ist dein Ziel? (Diskurs)"

Benedikt hat ein schlechtes Gewissen und sagt: „Morgen!"

„Dann bring sie mir morgen, Benedikt!", antwortet Herr Rosenbaum und schaut ihn freundlich an (Abschluss).

Wenn ein Schüler in so einer Situation sagt: „In zwei Wochen!", dann führt Herr Rosenbaum den Schüler im Diskurs dahin, die Folgen seines Tuns zu erkennen: „Das ist weit weg. Bis dahin wirst du eine zweite Hausübung bekommen. Da hast du dann viel Arbeit. Bring sie mir lieber vorher." Dabei lächelt er. So geht er mit dem Schüler ins Gespräch. Die meisten sagen dann: „Ich bring sie morgen." Herr Rosenbaum antwortet darauf: „Gut, so machst du es!"

Am darauffolgenden Tag ruft er Benedikt wieder zu sich. Er wendet das Kommunikationsmodell erneut an: „Benedikt (Ansprache), gestern hat deine Hausübung noch gefehlt. Du hast mir gesagt, dass du sie heute bringen wirst (Rahmen). Leg sie bitte auf meinen Tisch! (Beginn Diskurs)" Dann erklärt er ihm, was es mit den Hausübungen auf sich hat: „Benedikt, schau, bei den Hausübungen gibt es verschiedene Möglichkeiten. Du darfst sie selbstständig machen und dir die Zeit frei einteilen. Oder wäre es dir lieber, dass dauernd jemand hinter dir steht und dir sagt, was du tun musst?“

Benedikt schüttelt den Kopf und erinnert sich an die anderen Lehrer und an seine Eltern, die ihn dauernd zu etwas ermahnen. „Ich will lieber selbstständig sein dürfen!“, sagt er.

„Ja“, sagt Herr Rosenbaum, „das ist für euch Kinder freilich viel feiner.“ Er erklärt Benedikt, dass es auch für die Lehrer viel schöner ist, wenn die Kinder selbstständig sind. Dann lächelt er ihn an (Abschluss). Die Schüler lieben ihn – und er sie.

Herrn Rosenbaums Gespräch in der Analyse mit dem Kommunikationsmodell

1 **Intention**
klar

2 **Ansprache**
vorhanden

3 **Rahmen**
vorhanden

4 **Diskurs**
zielführend

5 **Abschluss**
vorhanden

Kommentar:

Herr Rosenbaum weiß, wie wichtig ein achtsamer Umgang mit der Sprache im Unterricht ist. Er hat die Ausbildung zum Lingva Eterna Sprach- und Kommunikationsberater absolviert und hat dabei das Kommunikationsmodell kennengelernt. Die fünf Schritte sind ihm selbstverständlich geworden. Er macht die Erfahrung, dass alle Kinder für eine klare Intention und einen klaren Rahmen dankbar sind. Das merkt er immer an ihrer Reaktion.

Bei den Erwachsenen erlebt er, dass sie lieber sofort auf den Punkt kommen und den Rahmen gern überspringen. Sie meinen, damit Zeit zu gewinnen. Doch heben Missverständnisse und Missstimmungen den scheinbaren Zeitgewinn leicht wieder auf. Herr Rosenbaum bleibt auch im Gespräch mit Erwachsenen beim Kommunikationsmodell.

Ein Kind kauft ein

In Birkenfeld gibt es einen kleinen Supermarkt. Für den täglichen Bedarf ist von allem etwas da. Dort arbeitet eine einzige, fleißige Verkäuferin. Die Kunden und Kundinnen bedienen sich weitgehend selbst. Nur bei der Brottheke warten sie darauf, dass die Verkäuferin sie bedient. Dafür geht sie von der Kasse für wenige Minuten weg und kommt dann wieder. Die meisten Kunden kennen ihren Namen.

In diesem so persönlich wirkenden Supermarkt kauft heute auch Oliver ein, der zehnjährige Sohn der Tauschners. Er holt sich in den Fächern, was er braucht, und geht damit zur Kasse und wartet dort. Die Verkäuferin ist nicht da, denn sie zeigt gerade einem Kunden, wo er Kakao und Backpulver findet.

Oliver will auf sich aufmerksam machen und ruft mit freundlicher Stimme: „Hei, ist da denn niemand?“ Daraufhin hört er laut und deutlich die zurechtweisende Antwort der Verkäuferin: „Du bist ja nicht allein auf der Welt. Andere Kunden brauchen mich auch. Ich komme ja schon!“

Oliver schluckt. Er wollte nicht unfreundlich sein, und gewartet hat er ja auch schon. Andere Kunden drehen sich nach ihm um. Er fühlt sich ungerecht behandelt. Gleichzeitig schämt er sich. Als die Verkäuferin kommt, zahlt er und geht mit gesenktem Kopf wieder aus dem Laden. „So eine Gemeinheit!“, denkt er. „Das werde ich meinen Eltern erzählen!“ Ob er bei seinem nächsten Einkauf wieder in diesen Laden gehen wird?

Olivers Gespräch in der Analyse mit dem Kommunikationsmodell

1 Intention
klar

2 Ansprache
vorhanden, jedoch unzureichend

3 Rahmen
fehlt

4 Diskurs
fordernd

5 Abschluss
Ärger

Kommentar:
Der Bub hat an der Kasse eine Weile gewartet und will seinen Einkauf bezahlen. Seine Intention, der erste Schritt, ist klar. Der zweite Schritt, die Ansprache, ist auch da. Er sagt ungeduldig: „Hei." Der dritte Schritt, der einleitende Rahmensatz, fehlt. Stattdessen beginnt er gleich mit dem vierten Schritt: „Ist da denn niemand?" Damit wirkt er unhöflich und fordernd.

Dazu kommen zwei sprachliche Aspekte. Das kleine Wörtchen „denn" hat etwas Bedrängendes, was die Kommunikation stört. Der zweite sprachliche Aspekt ist die Verneinung. Verneinungen sind weit verbreitet und haben immer eine nachteilige Wirkung. Der Satz „Ist da niemand?" wirkt durch die Verneinung vorwurfsvoll. Ganz anders hätte der Bub mit dieser Frage gewirkt: „Ist da jemand?" So ist es eine Kombination aus fehlendem Rahmen und den beiden sprachlichen Aspekten, die ihm eine Rüge der Verkäuferin einbringt. Gegenüber einem zehnjährigen Kind hätte die Verkäuferin geduldiger und freundlicher reagieren sollen, schließlich ist er ein zukünftiger Kunde als Erwachsener. Hätte sie ihrerseits das Kommunikationsmodell angewendet, hätte sie den fehlenden Rahmen nachliefern und damit alles abfedern können: „Oliver (Ansprache), ich weiß, dass du schon eine Weile wartest. Ich danke dir für deine Geduld. Ich bin noch bei dem anderen Kunden (Rahmen). Danach komme ich gleich zu dir (Diskurs)."

Um wertschätzend und zielorientiert kommunizieren zu können, brauchen Kinder ein Vorbild. Wir machen die beglückende Erfahrung, dass Kinder in Olivers Alter das Kommunikationsmodell leicht erfassen und schon bald sicher anwenden. Sie brauchen jemanden, der ihnen die fünf Schritte erklärt und sie anleitet, sie anzuwenden.

Alternative:

Hätte Oliver das Kommunikationsmodell angewandt, dann hätte er beim Warten an der Kasse wahrscheinlich so auf sich aufmerksam gemacht: „Hallo (Ansprache; kleine Pause, bis die Verkäuferin reagiert), ich bin an der Kasse (Rahmen). Darf ich zahlen? (Diskurs)" Dann hätte er wahrscheinlich gehört: „Ich komme gleich zu dir! (Abschluss)"

Besuch bei der alten Mutter

Margit Blum ist Ende fünfzig und arbeitet als Arzthelferin bei Dr. Tauschner. Am Mittwochnachmittag ist die Praxis geschlossen. Da hat Frau Blum frei. An diesen Nachmittagen geht sie fast immer zu ihrer 85-jährigen Mutter. Sie schaut darauf, dass es ihr gut geht. Manchmal gehen sie miteinander spazieren, und andere Male hilft Frau Blum ihr im Haushalt oder kauft mit ihr oder für sie ein.

Sie denkt sich schon vorher aus, was sie ihrer Mutter für den jeweiligen Tag anbietet, und kommt dann mit dieser Idee zu ihrer Mutter. So ist es auch heute. Frau Blum geht fröhlich die Treppe hinauf, klingelt kurz und sperrt mit ihrem Schlüssel die Wohnung auf. Die Mutter kommt ihr freudig entgegen und sie begrüßen sich herzlich. Recht unvermittelt kommt die Tochter dann mit ihrem Angebot: „Die Sonne scheint gerade so schön. Wohin möchtest du mit mir einen Spaziergang machen?“

Zögernd sagt die Mutter: „Was sagt denn der Wetterbericht? Da hinten kommen Wolken. Hält die Sonne die nächste Stunde?“

„Ach Mama, es ist so schönes Wetter. Wohin gehen wir?“

„Weißt du, Kind, ich brauche erst einmal einen Kaffee. Machst du uns einen?“

Frau Blum macht es – und seufzt innerlich. Sie wäre so gern mit ihrer Mutter spazieren gegangen. Doch dann sitzen sie zusammen und trinken miteinander Kaffee. Die Zeit vergeht. Draußen kommt Wind auf und es fängt bald an zu nieseln. Frau Blum ärgert sich: „Ach, Mama, nur wegen dir und dem blöden Kaffee kommen wir jetzt nicht raus. Jetzt fängt es tatsächlich an zu regnen. Den Kaffee hätten wir auch nach dem Spaziergang trinken können!“ So bleibt am Ende schlechte Laune.

Frau Blums Gespräch in der Analyse mit dem Kommunikationsmodell

1 **Intention**
verschleiert

2 **Ansprache**
fehlt

3 **Rahmen**
fehlt

4 **Diskurs**
abwegig

5 **Abschluss**
emotional unbefriedigend

Kommentar:
Frau Blum malt sich aus, was sie mit ihrer Mutter machen wird. Sie spricht sie nicht mit „Mama“ oder „Mami“ an und lässt auch den Rahmen weg. Durch das Fehlen der Rahmeninformation ist es für die Mutter schwer, sich auf die Idee der Tochter einzulassen. Frau Blum beginnt ihr Gespräch gleich mit dem vierten Schritt, dem Diskus. Damit überrumpelt sie die Mutter. Sie ist für sie zu schnell. Das ist eine schlechte Voraussetzung, um sie für ihre Idee zu gewinnen. Margit fragt die Mutter, wohin sie einen Spaziergang machen möchte. Das ist zu viel. Sie überfordert sie, indem sie von ihr einen differenzierten Wunsch verlangt. Die Mutter blockiert und lenkt ab – sie äußert den Wunsch nach einem Kaffee.

Alternative:
Frau Blum sagt ihrer Mutter ehrlich, was sie sich wünscht: „Mama, draußen ist es angenehm mild und im Schlosspark blühen die Rhododendren, alles ist wunderbar grün, und auf dem Teich blühen die ersten Seerosen. Ich habe große Lust auf einen gemeinsamen Spaziergang mit

dir durch den Park (Rahmen). Was hältst du davon, wenn wir dorthin gehen und uns auf eine Parkbank setzen? (Beginn Diskurs)“

Die Mutter antwortet: „Das klingt verlockend. Da komme ich gerne mit. Bekomme ich danach noch einen Kaffee?“

„Klar, Mama, wir gehen gleich in das Parkcafé! (Ende Diskurs)“ Sie lachen beide und freuen sich auf den Spaziergang und den Kaffee (Abschluss). Damit gehen beide gut gelaunt aus dem Haus.

FAMILIE HÜBNER

Auch Friedrich Ahlers' Schwester, Sabrina Hübner, wohnt mit ihrer Familie in Birkenfeld. Sie wohnen in einer großzügigen Wohnung in der Nähe des Schlossparks. Frau Hübner ist Mitte dreißig und Mutter der sechsjährigen Nora und des zweijährigen Elias. Nora ist Vorschulkind im Kindergarten. Ihr Mann Johannes arbeitet als Kfz-Mechatronikermeister in der Birkenfelder Autowerkstatt Profil und kommt meistens gegen 18:30 Uhr nach Hause. Dann essen sie gemeinsam zu Abend. Bis dahin ist Frau Hübner unter der Woche mit den beiden Kindern allein im Haus. Am Wochenende haben sie gern Gäste.

Licht an, Licht aus

An diesem Wochenende ist Frau Hübners Freundin Ina wieder einmal zu Besuch. Nach einem gemeinsamen Spaziergang durch den Schlosspark von Birkenfeld haben es sich alle mit Tee und Kuchen gemütlich gemacht. Draußen ist es allmählich dunkel geworden, und so haben sie mit der Zeit das Licht angeschaltet. Der zweijährige Elias hat seinen Kuchen aufgegessen und steht auf. Dann läuft er durch den Raum und schaut sich interessiert um. Sein Blick fällt auf den Lichtschalter, und er begibt sich schnurstracks dorthin. Neugierig drückt er auf den Schalter, und das Licht geht aus. Dann drückt er wieder auf den Schalter, und das Licht geht an. Das wiederholt er mehrmals und freut sich. Er hat Spaß an dem Effekt, den er bewirkt. Nicht nur das Licht geht an und aus – die Erwachsenen wenden sich ihm zu und schenken ihm ihre volle Aufmerksamkeit. Das ist als Effekt für Elias sicher genauso spannend wie der Wechsel von Licht und Dunkel.

„Kannst du damit bitte aufhören?", sagt der Vater schließlich zu seinem Sohn. Seine Stimme klingt dabei freundlich. Der Sohn weiß nicht, was der Vater meint, und schaut ihn fragend an. Dann macht er das Licht weiter an und aus. Der Vater probiert es erneut, dieses Mal klingt die Stimme leicht gereizt: „Hörst du damit jetzt bitte auf?" Der Sohn weiß noch immer nicht, was der Vater von ihm will, und macht nach einem kurzen Zögern erneut weiter das Licht an und aus. Nun wird der Vater ärgerlich und sagt mit deutlich erhobener Stimme: „Mann, Elias, hör endlich auf!“ Alles klingt streng, auch der Name. Elias verzieht kläglich sein Gesicht und beginnt zu weinen. Der Vater sagt nun: „Jetzt wein doch nicht gleich! Du sollst einfach aufhören, das Licht an- und auszuschalten. Ist das denn so schwer?“ Diese Bemerkung macht alles noch schlimmer.

Herrn Hübners Gespräch in der Analyse mit dem Kommunikationsmodell

1 **Intention**
klar

2 **Ansprache**
fehlt

3 **Rahmen**
fehlt

4 **Diskurs**
fälschlich als Frage

5 **Abschluss**
verfehlt

Kommentar:
Elias‘ Vater beginnt gleich mit dem vierten Schritt. Er versäumt es, den Kontakt zu seinem Sohn aufzunehmen und ihn mit dem Namen anzusprechen. Damit fehlt der zweite Schritt. Er lässt auch den dritten Schritt weg: Er beginnt sein Gespräch mit Elias ohne den einführenden Rahmensatz.

Im vierten Schritt, dem Diskurs, stellte er seinem Sohn mit dem Fragesatz eine Frage. Er sagt: „Kannst du damit bitte aufhören?“ Als Elias dennoch weitermacht, probiert er es erneut – und stellt wieder eine Frage: „Hörst du damit jetzt bitte auf?“

Die Fragen irritieren Elias. Er weiß nicht, was sein Vater von ihm will. Also macht er weiter das Licht an und aus. Die Fragen zeigen, dass der erste Schritt – die Intention – unklar war. In der Folge verfehlt der Diskurs das angestrebte Ziel.

Erst als der Vater ärgerlich wird, bildet er einen klaren Aufforderungssatz, doch dann mit scharfem Ton. Da droht die Situation bereits zu eskalieren.

Fortsetzung der Geschichte – die gelungene Alternative:
Als Elias zu weinen beginnt, mischt sich Ina ein, die Freundin der Eltern. Sie fragt Herrn Hübner, ob sie das Gespräch mit Elias übernehmen darf. Der Vater willigt mit einem überraschten „Ja bitte!“ ein. Daraufhin wendet sie sich Elias zu und sagt: „Elias, schau mich bitte an! (Ansprache) – Elias, schau einmal hinaus. Es wird jetzt dunkel. Siehst du das? (Elias nickt.) – Da brauchen wir Licht (Rahmen). Lass das Licht bitte an! (Diskurs) – Danke, lieber Elias! (Abschluss) – Ich habe etwas Interessantes in meiner Hand. Willst du es sehen? (Überleitung zu einer neuen Kommunikation mit einem neuen Thema)“

Inas Gespräch in der Analyse mit dem Kommunikationsmodell

1 Intention
klar

2 Ansprache
vorhanden

3 Rahmen
vorhanden

4 Diskurs
zielführend

5 Abschluss
vorhanden

Kommentar:

Elias lässt sich leicht führen. Er horcht genau hin und lässt dann bereitwillig das Licht an. Ina macht es ihm leicht, indem sie ihm etwas anderes Interessantes zum Anschauen anbietet. So geht es einfach und friedlich. Am Ende sind alle zufrieden.

Ina kennt das Kommunikationsmodell aus Lingva Eterna Seminaren und wendet die fünf Schritte sicher an. Sie macht sich als Erstes klar, was sie erreichen will: Elias soll das Licht anlassen. Dann spricht sie ihn im zweiten Schritt freundlich mit seinem Namen an und nimmt mit ihm Blickkontakt auf. Im dritten Schritt erklärt sie ihm, um was es gerade geht: Es wird dunkel, darum brauchen wir Licht. Danach fordert sie ihn im vierten Schritt auf, das Licht anzulassen. Dafür gebraucht sie einen Aufforderungssatz. Damit weiß Elias, was er tun soll, und tut es. Als fünfter Schritt folgt der gute Abschluss mit einem Dankeschön. Damit sind am Ende beide Seiten zufrieden.

Wann gibt es Abendessen?

Frau Hübner empfindet alltägliche Situationen mit ihren Kindern oft als herausfordernd. Eine dieser Situationen erlebt sie in abgewandelter Form fast jeden Tag am späten Nachmittag: Sie bereitet in der Küche für das Abendessen eine warme Mahlzeit vor. Elias hält sich dabei meistens gern in ihrer Nähe auf. Nora spielt häufig allein im Spielzimmer im ersten Stock.

Und so sieht eine solche mögliche Situation konkret aus: Nora baut gerade ihr Bauernhof-Spiel auf. Sie ist mit dem Zaun fertig und will die Tiere auf die Weide bringen. Nun will sie wissen, wie lange sie noch spielen darf. Sie weiß, dass die Mutter etwas für das Abendessen kocht und hat den guten Duft vom Essen schon mitbekommen.

Mit diesen Gedanken ruft sie von oben herunter: „Mama! – Wann gibt es Essen?“ Die Mutter antwortet ihrer Tochter: „Ich bin schon dabei.“ Die Tochter ruft nach einer Weile noch einmal und wiederholt ihre Frage: „Wann gibt es Essen?“ Die Mutter antwortet leicht gereizt: „Zaubern kann ich auch nicht. Ich beeile mich ja schon!“

Noras Gespräch in der Analyse mit dem Kommunikationsmodell

1 Intention
missverständlich

2 Ansprache
vorhanden

3 Rahmen
fehlt

4 Diskurs
klar

5 Abschluss
emotional unbefriedigend

Kommentar:

Nora geht nach der Ansprache direkt zum vierten Schritt, dem Diskurs, über und fragt: „Wann gibt es Essen?“ Die Mutter interpretiert die Frage der Tochter aus ihrer Sicht und sagt daraufhin, dass sie schon beim Vorbereiten sei. Doch ist der Grund für die Frage des Kindes ein anderer, als die Mutter angenommen hat. Die Mutter hat Noras Frage falsch verstanden bzw. denkt sich lieber aus, was ihre Tochter will, statt sie danach zu fragen. Es wäre ihre Aufgabe gewesen, Noras Kommunikationsfehler auszugleichen.

Alternative 1:

Einem solchen Missverständnis kann Frau Hübner ein anderes Mal mit einer Frage zuvorkommen: „Nora, warum fragst du?“, oder: „Nora, hast du schon einen großen Hunger?“

Dann antwortet die Tochter vielleicht: „Ich spiele gerade so schön Bauernhof. Ich will nur wissen, wie lange ich noch spielen darf.“

Alternative 2:

Es ist ebenso möglich, dass Frau Hübner Noras Frage aufgreift und ihr darauf eine Antwort gibt: „Das Essen ist in einer halben Stunde fertig. Um halb sieben gibt es Abendessen.“

Dann wird die Tochter antworten und damit das Gespräch beenden: „Juhu!“, oder: „Da bin ich froh!“, oder auch: „Dann kann ich noch etwas spielen.“

Alternative 3:

Eine weitere Möglichkeit ist eine Kombination der Antwort mit einer Frage: „Wir werden in einer halben Stunde zu Abend essen. Wieso fragst du?“, oder: „Wir werden in einer halben Stunde zu Abend essen. Hast du denn schon großen Hunger?“

Mit dieser Frage kann die Mutter erfahren, auf was ihre Tochter mit der Frage hinauswill. Die Tochter kann antworten, dass sie schon großen Hunger hat oder dass sie so schön Bauernhof spielt. Dann wird die Mutter das Gespräch beenden und etwas zum Abschluss sagen.

Mit allen drei Alternativen nimmt die Kommunikation einen zweckdienlichen Verlauf.

Nora findet Rosy doof

Im Städtischen Kindergarten von Illerberg Süd ist es die Regel, dass die Kinder ihre Spielsachen zum Ende des Vormittags aufräumen. Rosy, die junge Erzieherin, kündigt dies um 12:45 Uhr an. Alle Kinder räumen ihre Spiele auf, nur Nora breitet die Teile für ihr Puzzle weiter auf dem Tisch aus. Rosy ruft in den Raum: „Auch Nora räumt ihr Spiel auf!“ Sie wartet einen Moment ab und wiederholt ihre Botschaft mit etwas erhöhter Stimme. Nora ist in ihr Spiel vertieft. Rosy springt auf und eilt erbost auf Nora zu: „Nora, ich habe dich jetzt zweimal ermahnt. Pack jetzt endlich dein Puzzle ein, sonst muss ich deiner Mama eine Rüge schicken.“

Nora blickt auf und sagt erstaunt: „Oh, das habe ich nicht gehört. Ja, das mach ich gleich.“

Rosy sagt erzürnt: „So ein Unsinn, natürlich hast du das gehört, du kümmerst dich einfach nicht um das, was ich sage.“

Rosys Gespräch in der Analyse mit dem Kommunikationsmodell

1 **Intention**
formal klar, abwegig

2 **Ansprache**
fehlt

3 **Rahmen**
fehlt

4 **Diskurs**
falsche Satzart

5 **Abschluss**
unberechtigter Vorwurf

Kommentar:
Rosy spricht Nora nicht an, sondern sie sagt etwas über sie. Sie hat die Absicht, Nora aufzufordern, ihr Spiel aufzuräumen, doch beinhaltet ihr Satz keine Aufforderung. Das liegt an der Satzart: Sie hat einen Aussagesatz gewählt anstelle des erforderlichen Aufforderungssatzes. Nora ist in ihr Spiel vertieft und nimmt nicht wahr, dass Rosy sie angesprochen hat.

Erst als sie von ihr die unmittelbare Aufforderung hört, was sie tun soll, reagiert sie prompt und ohne Widerrede. Sie lässt sich auf den Diskurs ein und folgt den Anweisungen. Doch Rosy hat sie schon zurechtgewiesen. Nora ärgert sich darüber. Zu Hause sagt sie zu ihrer Mutter: „Die Rosy ist doof."

Alternative:
Rosy hätte Nora direkt ansprechen können: „Nora (Ansprache; Pause, bis sie reagiert), alle Kinder packen ihre Spielsachen ein (Rahmen), bitte tu du das auch. Morgen wirst du weiterspielen können (Diskurs)." Wenn Nora nicht reagiert hätte, dann hätte sie die Aufforderung noch einmal wiederholen können, vielleicht mit einer anderen Formulierung, ebenso deutlich und höflich. Damit bleibt die Stimmung angenehm und freundlich.

Der Meister und sein Azubi

In Birkenfeld gibt es schon seit über zwanzig Jahren die Autowerkstatt Profil, die auch Azubis ausbildet. Der Meister, Herr Hübner, betreut die Azubis. Reinhold soll den Motorraum eines Opel Corsa reinigen. Der Halter des Fahrzeugs hat das Auto gebracht, weil der Motor unruhig läuft. Reinhold reinigt seit einer Stunde den Motorraum. Herr Hübner kommt auf ihn zu und fragt: „Was, bist du immer noch am Putzen? So viel Zeit haben wir nicht. Zeig her!“

Reinhold antwortet: „Hey, Meister. Sie haben mir noch keine neue Anweisung gegeben. Der Motor ist blitzsauber.“

Herr Hübner ist sauer und fährt Reinhold an: „Wenn du was fertig hast, dann melde dich sofort bei mir! Hast du verstanden?“

„Das hätten Sie mir gleich sagen können“, erwidert Reinhold.

Herr Hübner seufzt: „Du wirst nie ein ordentlicher Kfz-Mechaniker.“

Herrn Hübners Gespräch in der Analyse mit dem Kommunikationsmodell

1 Intention
unklar

2 Ansprache
fehlt

3 Rahmen
fehlt

4 Diskurs
vorwurfsvoll

5 Abschluss
abwertend

Kommentar:

Herr Hübner betreut die Azubis. Er teilt sie zu ausgewählten Arbeiten ein, bei denen sie gefordert sind und etwas lernen. Einen Motor zu reinigen, ist eher eine anspruchslose Tätigkeit. Herr Hübner sagt Reinhold nicht, wie lange er dazu brauchen soll und was er danach tun soll. Seine Intention bleibt unklar. Er spricht den Azubi nicht mit Namen an und erklärt nicht den Zweck der Aufgabe, also bietet er keinen Rahmen. „Hast du verstanden", klingt wie eine unqualifizierte Rüge. Der Azubi ist daraufhin wenig motiviert und lernt wenig für seinen schönen Beruf. Auf diese Weise geht wertvolles Engagement verloren.

Alternative:

Herr Hübner gibt Reinhold eine klare Anweisung: „Guten Morgen, Reinhold. Heute beginnst du mit einfachen, aber auch wichtigen Dingen. Wenn du den Motorraum dieses Wagens gereinigt hast, dann werden wir vielleicht schon sehen, was da nicht in Ordnung ist. Danach komm bitte zu mir, wenn du fertig bist. Dann sehen wir weiter." So wird der Azubi interessiert bei der Sache sein und sich geachtet fühlen. Der Meister wird von allen anerkannt.

FAMILIE EICHENDORFF

Familie Eichendorff wohnt im Buchenweg in einer Doppelhaushälfte. Sie haben ein sonniges Grundstück mit altem Baumbestand. Zu der Familie gehören die Eltern Andreas und Marlene und ihre beiden Töchter Julia, sieben Jahre, und Evelyn, vier Jahre. Andreas Eichendorff hat die Schreinerwerkstatt seines Schwiegervaters übernommen, seine Frau ist dort für organisatorische Arbeiten und die Buchhaltung verantwortlich.

Julia kann ihre Trinkflasche nicht öffnen

Julia besucht die Michael-Vogel-Schule und geht in die zweite Klasse. Die Michael-Vogel-Schule ist die Grundschule von Birkenfeld. Da ist gerade große Pause. Viktoria Fröhlich hat zusammen mit ihrer Kollegin Monika Ahlers Pausenaufsicht. Julia geht auf ihre Lehrerin zu und hält ihr ihre Trinkflasche hin:

„Kannst du mir bitte die Flasche aufmachen?"

Frau Fröhlich schaut sie freundlich an und stellt ihr eine Frage: „Liebe Julia, was hast du vor?"

„Ich will aus meiner Flasche trinken. Und die bekomme ich nicht auf!"

„Und was wünschst du dir von mir?"

„Dass du meine Flasche aufmachst!"

„Ach so, das mache ich gerne!"

Die Lehrerin folgt ihrer Bitte und gibt ihr die Flasche zurück. Julia sagt: „Danke!", und trinkt durstig aus ihrer Flasche.

Julias Gespräch in der Analyse mit dem Kommunikationsmodell

1 Intention
klar

2 Ansprache
fehlt

3 Rahmen
fehlt

4 Diskurs
falsche Satzart und falsches Modalverb

5 Abschluss
offen

Kommentar:
Kinder trauen sich oft nicht, Erwachsene direkt um etwas zu bitten. Sie haben gelernt, ihren Wunsch zu umschreiben oder gar nicht erst zu nennen. Julia fragt die Lehrerin, ob sie ihre Flasche aufmachen kann. Diese Frage ist abwegig – natürlich kann die Lehrerin die Flasche öffnen. Der Satz „Kannst du ...“ ist eine Frage! Damit sagt Julia nicht, was sie will. Es ist schön, wenn sie als Erstes einen Rahmen angibt. Den fordert Frau Fröhlich mit den Worten: „Sag, was du vorhast!“ Mit der Frage „Was wünschst du dir von mir?“ leitet sie Julia dann an, ihr Anliegen klar zu äußern. Es ist wichtig, dass Kinder lernen zu sagen, was sie wollen. Das lernt Julia in diesem Pausengespräch. Frau Fröhlich leitet sie mit ihren beiden Fragen dazu an.

Alternative:
Julia: „Frau Fröhlich (Ansprache), ich will die Flasche aufmachen. Das geht zu schwer (Rahmen). Bitte hilf mir dabei (Diskurs).“

Frau Fröhlich: „Das mach ich gern für dich. Komm her und bring sie mir.“

Julia: „Ah, danke! Ich hab‘ ja so einen großen Durst! (Abschluss)“

Zähneputzen

Am Abend will Herr Eichendorff seine vierjährige Tochter Evelyn ins Bett bringen. Er spricht sie an: „Wir müssen jetzt Zähne putzen und dann den Schlafanzug anziehen." Evelyn spielt weiter. „Evelyn, hast du nicht gehört? Du sollst jetzt Zähne putzen und dann deinen Schlafanzug anziehen." Evelyn antwortet nicht. Der Vater sagt laut: „Evelyn, was soll das heißen? Geh jetzt endlich deine Zähne putzen." Evelyn fängt an zu weinen, wirft ihre Spielsachen in die Ecke, geht ins Badezimmer und beginnt, sich die Zähne zu putzen. Der Vater sagt ärgerlich: „Na, endlich."

Herrn Fröhlichs Gespräch in der Analyse mit dem Kommunikationsmodell

1 **Intention**
unklar formuliert

2 **Ansprache**
verzögert

3 **Rahmen**
mit Vorwurf

4 **Diskurs**
ineffektiv

5 **Abschluss**
uneinig

Kommentar:
Kinder sind oft erstaunlich empfindlich, wenn Erwachsene sie mit fehlerhaften Sätzen ansprechen. Eine Möglichkeit ist dann, dass sie einfach nicht reagieren. Evelyn nimmt die Aufforderung des Vaters „Wir müssen ..." wörtlich und wartet darauf, dass der Vater damit beginnt, sich

die Zähne zu putzen. Zudem ist sein Satz keine Aufforderung, sondern allenfalls eine Feststellung: „Wir müssen ..." Der Vater hat eine Intention, die er aber sprachlich unklar ausdrückt. Außerdem spricht er seine Tochter nicht mit dem Namen an. Evelyn fühlt sich daher nicht gemeint und spielt weiter.

Normalerweise nennt Herr Eichendorff seine Tochter liebevoll „Evi". In dieser Situation lässt er erst die Anrede ganz weg und dann spricht er sie in strengem Ton mit ihrem vollen Vornamen an. Das irritiert sie. Erst auf die Formulierung „Geh jetzt ..." reagiert sie. Das ist eine klare Aufforderung. Gleichzeitig merkt sie, dass der Vater ärgerlich ist, was sie nicht versteht. Sie ist traurig und weint. Die Kommunikation endet im beiderseitigen Ärger.

Alternative:

„Evi (Ansprache), du hast schön gespielt. Jetzt ist es schon sieben Uhr und Zeit, langsam ins Bett zu gehen (Rahmen). Bitte putz deine Zähne und zieh deinen Schlafanzug an. Ich bring dich dann in dein Bettchen (Diskurs)."

„Oh ja, Papa ich komme gleich (Abschluss)."

Auch für ein Kind ist es schön, wenn wir vor der Aufforderung einen Rahmen anbieten. Wie leicht das geht!

Wer hilft beim Regalaufbauen?

In Birkenfeld gibt es zwei Kindergärten. Frau Engel, 34 Jahre, leitet den privaten Kindergarten Löwenzahn. In diesen Kindergarten geht Evelyn. Gestern sind neue Regalbretter für den Gruppenraum gekommen und Frau Engel ist sehr glücklich darüber. Jetzt braucht sie jemanden, der ihr die Bretter an der Westwand anbringt. Evelyns Opa ist gelernter Schreiner und ein so wunderbarer Mensch. Er ist seit zwei Jahren in Rente und noch sehr aktiv. Als er Evelyn vom Kindergarten abholt, zeigt ihm Frau Engel die neuen Bretter und denkt: „Der könnte mir das günstig machen oder vielleicht sogar umsonst."

So fragt sie ihn: „Herr Meister, könnten Sie so nett sein und mir noch in dieser Woche das Regal hier im Gruppenraum aufbauen? Das wäre wahnsinnig nett."

Herr Meister ist ein freundlicher, nüchterner Mann. Er fühlt sich etwas überrumpelt. „Also, ich hab zur Zeit viel zu tun. Das würde bestimmt einen halben Tag dauern – und diese Woche ist es ziemlich eng. Da bring ich das bestimmt nicht unter."

Frau Engel merkt, dass sie zu forsch an die Sache herangegangen ist, und weiß nicht, wie sie sich verhalten soll. Sie macht einen Rückzieher, bei dem sie sich auch nicht wohl fühlt: „Ach, ich wollte nur mal fragen. Vielleicht hätten Sie ja Zeit gehabt. Ich kenne da eine Firma, die mir das bestimmt machen kann. Alles in Ordnung."

Anschließend denkt sie: „Wenn ich das klüger angefangen hätte, dann hätte der das bestimmt gemacht. Aber das ist jetzt vorbei."

Evelyns freundlicher Opa denkt sich: „Die ist ziemlich fordernd. Ich weiß nicht, ob sie überhaupt zufrieden wäre, wenn ich das machen würde. Wenn die etwas freundlicher gekommen wäre, hätte ich das schon machen können. Das tut mir jetzt leid."

Frau Engels Gespräch in der Analyse mit dem Kommunikationsmodell

1 Intention
klar

2 Ansprache
vorhanden

3 Rahmen
fehlt

4 Diskurs
manipulativ

5 Abschluss
unbefriedigend, gegen bessere Erkenntnis

Kommentar:
Hier liegt es nicht am guten Willen. Das ist ein klassischer sprachlicher Bedienungsfehler. Frau Engel hat eine klare Intention, die sie recht unmittelbar ausdrückt, wobei sie offenlässt, ob Herr Meister das umsonst machen soll oder ob der Kindergarten die Arbeit bezahlen wird. Sie bietet keinen Rahmen, um Herrn Meister abzuholen, und konfrontiert ihn direkt mit ihrem Anliegen. Sie stellt zwar formal eine Frage, doch bedrängt sie ihn. Ihr Anliegen ist in Wahrheit eine versteckte Aufforderung.

Diese formale Unkorrektheit irritiert Herrn Meister und stört ihn. Daher reagiert er zurückhaltend. Daraufhin macht Frau Engel einen kompletten Rückzieher, was nicht nötig gewesen wäre. Das war der Diskurs. Der Abschluss besteht darin, dass beide Seiten unzufrieden sind.

Alternative:
„Herr Meister (Ansprache), ich begrüße Sie. Schauen Sie, wir bekommen endlich neue Regale für den Gruppenraum. Die Bretter sind schon

gekommen. Sie müssen nur angebracht werden (Rahmen). Was meinen Sie: Ist das ein großer Aufwand? (Beginn Diskurs) Und was könnte das kosten? Der Kindergarten hat wenig Geld, wie Sie wissen."

„Ja, so groß ist der Aufwand nicht. Vielleicht kann ich Ihnen da helfen."

Den weiteren Diskurs lassen wir offen. Jedenfalls klingt das nach einem besseren Ende.

Eine traurige Nachricht

Frau Ärmel kommt mit einer großen Tasche vom Gemüsehändler, als ihr Frau Eichendorff entgegengelaufen kommt. Aufgeregt sagt sie: „Liebe Frau Ärmel, ich weiß gar nicht, wie ich es Ihnen sagen soll. Es ist mir ja so unangenehm. Und es tut mir ja so leid, aber da kann man wohl nichts machen. Man hat ja so ein Tier liebgewonnen wie ein Kind."

Frau Ärmel fragt: „Ja, was ist denn passiert, Frau Eichendorff?"

„Naja, Ihr Kater Pummel ist oben an der Kreuzung überfahren worden und liegt dort tot auf der Straße."

Frau Ärmel ist verwirrt und so fassungslos, dass sie gar nichts sagen kann. Sie läuft weinend weg. Jetzt ist auch Frau Eichendorff verzweifelt: „Aber was hätte ich denn sagen sollen?"

Das ist eine gute Frage.

Frau Eichendorffs Gespräch in der Analyse mit dem Kommunikationsmodell

1 Intention
klar

2 Ansprache
vorhanden

3 Rahmen
abwegig

4 Diskurs
ichbezogen

5 Abschluss
beiderseitige Verzweiflung

Kommentar:
Frau Eichendorff ist offenbar von dem Ereignis so betroffen, dass sie sich sprachlich nur verworren äußern kann. Sie hat sicher die Intention, Frau Ärmel mitzuteilen, dass ihr Kater überfahren wurde, beginnt jedoch mit ihrer eigenen Verzweiflung, geht dann auf die Ausweglosigkeit ein und schließlich darauf, wie Frau Ärmel ihren Kater geliebt haben mag – alles unnützes Zeug! Frau Ärmel muss erst nachfragen, um zu erfahren, was passiert ist. Sie hat bisher nur mitbekommen, dass etwas Schlimmes geschehen ist und hat nur negative Emotionen von Frau Eichendorff bekommen. Bisher hat sich alles um Frau Eichendorff gedreht.

Wenn wir eine Äußerung über ein Ereignis machen wollen, müssen wir zu uns selbst erst Distanz gewinnen, außer wir sprechen über uns selbst. Das fällt manchen Menschen in der Erregung schwer. Empathie richtet sich an den anderen und kann nicht bei uns selbst bleiben.

Frau Eichendorff eröffnet die Kommunikation. Die Intention ist dem Leser klar, jedoch bei Frau Eichendorff müssen wir Zweifel haben, denn sie spricht nur von sich selbst. Sie spricht zwar Frau Ärmel mit ihrem Namen an, und was sie sagt, muss wohl als Rahmen gelten, ist jedoch nicht zielführend. Den Diskurs muss Frau Ärmel von ihr einfordern, und der Abschluss ist ein Desaster.

Alternative:
So könnte Frau Eichendorff die traurige Nachricht mitfühlend überbringen:

„Frau Ärmel (Ansprache), es ist etwas Schlimmes passiert. Ihr lieber Kater Pummel ist oben an der Kreuzung überfahren worden. Er ist offenbar tot. Das tut mir ja so leid. Er war so ein lieber Kater. Wir haben ihn hier in der Nachbarschaft alle gemocht (Rahmen). Kann ich irgendetwas für Sie tun, Frau Ärmel? Wollen Sie wenigstens nachher auf einen Kaffee zu mir kommen? (Diskurs)“

FAMILIE BARTHELS

Josua und Annabel Barthels sind direkte Nachbarn der Familie Ahlers. Sie haben ein geräumiges, helles Haus und einen sonnigen Garten mit einem Pool. Da sind sie glücklich. Herr Bartels ist in einer Bank als Kundenberater tätig und liebt seinen Beruf. Er ist oft unterwegs und freut sich immer darauf, wieder heimzukommen. Frau Bartels ist Psychologin und mit einer halben Stelle in einer Familienberatungsstelle tätig. So hat sie genügend Zeit für ihre Familie und für den geliebten Garten.

Sie haben zwei Söhne, Lukas und Fabian. Sie sind 9 und 12 Jahre alt. Es ist den Eltern wichtig, ihnen ein schönes Zuhause zu geben und sie auf ihrem Weg gut zu begleiten. Die beiden sollen schon von klein auf lernen, dass Gemeinschaft wichtig ist und dass es dazugehört, mitzuhelfen.

Ein Kind hilft mit

Lukas, der Kleinere von den beiden, hat in seinem Zimmer ein Käsebrot gegessen und daher noch einen Teller in seinem Zimmer. Den bringt er in die Küche hinunter und stellt ihn in die Spülmaschine. Das sieht sein Vater und spricht Lukas an: „Lukas, du bist toll, weil du den Teller selbst aufräumst!" Seine Frau bekommt die Bemerkung mit und schaut kritisch. Darum fragt Herr Barthels sie: „Was ist los? Habe ich etwas falsch gemacht?"

Sie antwortete ihm: „Das Lob in dieser Form ist an eine Leistung gebunden. Das ist eine erzieherische Maßnahme. Kinder wünschen sich und brauchen Liebe und Anerkennung auch ohne Bedingungen."

„Ach ja!", erwidert ihr Mann. „Das hätte ich mir als Kind auch gewünscht. Ich habe es viel zu selten bekommen!"

Herrn Barthels Gespräch in der Analyse mit dem Kommunikationsmodell

1 Intention
klar

2 Ansprache
vorhanden

3 Rahmen
Rahmen und Diskurs vertauscht durch „weil“

4 Diskurs
kritisch zu sehen

5 Abschluss
offen

Kommentar:
Frau Barthels ist es wichtig, dass die Kinder Liebe und Anerkennung erfahren, ohne dass diese an eine Bedingung geknüpft sind. Genau das geschieht jedoch in der Kindererziehung häufig mit Weil-Sätzen. So ist es auch in dieser Situation: „Du bist toll, weil du den Teller selbst aufräumst.“ Dabei kommt es zu einer Vertauschung von Rahmen und Diskurs. Vermutlich kennt Herr Barthels solche Koppelungen aus seiner Kindheit: „Du bist lieb, weil du ...“, oder: „Du bist ein guter Junge, weil du ...“ Daher sind ihm solche Äußerungen vertraut und er gebraucht sie auch seinerseits. Jetzt wird ihm durch den Hinweis seiner Frau schmerzlich bewusst, dass bei diesen Formulierungen die Anerkennung der Eltern an eine Bedingung geknüpft ist.

Es ist hilfreich, wenn der Vater zuerst im Rahmen benennt, was er beobachtet hat, und dann im Diskurs einen Kommentar zur Handlung macht. Dadurch erfährt Lukas, welche Handlungsweise seine Eltern sich wünschen. Das wird er sich für das nächste Mal merken.

Alternative:
Der Vater sieht, wie Lukas mit dem Teller aus seinem Zimmer kommt und diesen die Treppe hinunterträgt. Er sieht auch, dass er ihn in die Küche bringt, und hört, dass er die Spülmaschine aufmacht. Er ist sich sicher, dass er den Teller gleich in die Spülmaschine stellen wird. Daraufhin spricht er ihn an:

„Lukas (Ansprache), du hast deinen Teller heruntergebracht und in der Küche gleich in die Spülmaschine geräumt (Rahmen). Das finden wir vorbildlich! (Diskurs) Ich danke dir! (Abschluss)“

Klare Aufgabenverteilung

Die beiden Söhne helfen selbstverständlich und bereitwillig im Haushalt mit. Von befreundeten Familien hört Frau Barthels oft, dass deren Kinder kaum oder oft nur nach mehrmaligem Ermahnen ihre Aufgaben im Haushalt erledigen.

Sie selbst wendet das Lingva Eterna Kommunikationsmodell schon lange in jeder Situation an. Es ist ihr schon selbstverständlich geworden. Sie erlebt, dass Kinder für die klaren Schritte immer dankbar sind und bereitwillig mitmachen. Frau Barthels will wissen, warum das so ist, und betrachtet im Nachhinein die einzelnen Schritte eines Gesprächs. Dafür nimmt sie sich den Ablauf einer alltäglichen Situation vor.

Sie hat wieder einmal Wäsche gewaschen. Frau Barthels ist es wichtig, dass die Kinder lernen, ihre Wäsche zu pflegen, und daher sollen sie ihre frisch gewaschenen, noch nassen Socken selbst aufhängen. Diese Aufgabe hat sie ihnen generell übertragen. Lukas kommt gerade aus seinem Zimmer herunter.

Frau Barthels spricht ihn an: „Lukas (Ansprache), ich habe heute Wäsche gewaschen. Die Waschmaschine ist fertig durchgelaufen und die nasse Wäsche liegt im Wäschekorb. Es gehört zu deinen Aufgaben, deine Socken selber aufzuhängen (Rahmen). Mach das bitte gleich. Geh bitte hinunter in den Keller, sortiere deine Socken heraus und hänge sie auf (Beginn Diskurs)."

„Ich trinke noch etwas und dann mache ich es gleich", antwortet Lukas (Diskurs Ende).

„Das ist gut. Ich danke dir!", sagt die Mutter (Abschluss).

Frau Barthels' Gespräch in der Analyse mit dem Kommunikationsmodell

1 **Intention**
klar

2 **Ansprache**
vorhanden

3 **Rahmen**
vorhanden

4 **Diskurs**
zielführend

5 **Abschluss**
vorhanden

Kommentar:
Kinder sind immer dankbar für einen klaren Rahmen. Zum Rahmen gehört auch eine konkrete zeitliche Angabe. Wenn Annabel die zeitliche Angabe einmal weglässt, dann merken die Kinder das gleich und probieren, wie ernst der Mutter der Auftrag ist. Kinder haben ein großes Feingefühl dafür, ob die Intention der Mutter wirklich klar ist. Wenn die Kinder einmal nicht oder nur nachlässig mitmachen, dann weiß Frau Barthels, woran es liegt: Dann hat sie ihre Intention für sich nicht ausreichend klar ausgearbeitet. Dann wiederholt sie ihr Anliegen klarer als vorher.

Bastelstunde im Kindergarten

Frau Barthels‘ Freundin Jule Landwehr ist Heilpädagogin. Sie begleitet in drei Kindertagesstätten einzelne Kinder, die einen erhöhten Förderbedarf haben. Diese Kinder sind oft leicht ablenkbar und haben eine geringe Frustrationstoleranz. Sie wissen sich dann manchmal nicht anders zu helfen, als zu weinen oder zu schreien oder wegzulaufen. Frau Landwehr kennt das Lingva Eterna Kommunikationsmodell bereits und will wissen, ob es ihren Kindern helfen würde. Sie hat vor allem einen bestimmten vierjährigen Buben im Blick, den Jens. Er neigt dazu, Dinge zornig wegzuwerfen, wenn er mit etwas nicht gleich zurechtkommt. Danach weint er bitterlich.

Frau Landwehr nimmt sich vor, ihn und zwei weitere Kinder in eine Gruppe zusammenzuführen und sie gemeinsam zum Basteln anzuleiten. Die anderen beiden Kinder sind ein weiterer Bub mit drei Jahren, Jonas, und ein Mädchen mit fünf Jahren, Beate. Auch sie sind in ihrem Sozialverhalten noch nicht altersgemäß entwickelt. Frau Landwehr hat einen Plan und spricht die Leiterin des Kindergartens an. Sie sagt ihr, mit welchen drei Kindern sie jetzt arbeiten will. Die Erzieherin meint spontan, dass das mit diesen drei Kindern zusammen nicht möglich sei – einzeln schon, jedoch bestimmt nicht in einer Gruppe.

Frau Landwehr bleibt bei ihrem Vorhaben. Sie bereitet in einem eigenen Raum einen großen Tisch zum Basteln vor. Dafür legt sie in ausreichender Menge Papier, Stifte, Kleber und bunte Steinchen und Aufkleber bereit. Dazu legt sie eine einzige Schere. In diesen Raum führt sie die Kinder. Sie geht mit ihnen in den Raum und erklärt ihnen, was sie vorhat:

„Liebe Kinder, ich habe euch etwas zum Malen vorbereitet. Ihr könnt aus allem auswählen und es verwenden. Die Sachen sind für alle da. Besprecht euch miteinander. – Wo wollt ihr euch hinsetzen?“

Schon bald sitzen die Kinder an ihren Plätzen und beginnen zu malen. Schnell entbrennt ein Streit um die einzige Schere. Jens springt auf und will Beate die Schere wegnehmen. Da greift Frau Landwehr ein und wendet das Kommunikationsmodell an.

Die Situation klingt etwa so:

Jens: „Ich will die Schere – Beate hat sie!“ Er schreit und greift heftig nach der Schere. Er will Beate die Schere aus der Hand reißen.

Frau Landwehr: „Stopp! – Jens! (Ansprache mit ruhiger Stimme; Pause) Was hast du vor? – Wozu brauchst du die Schere?"

Jens (im protestierenden Tonfall): „Ich will einen Stern ausschneiden!"

Frau Landwehr: „Aha, du willst einen Stern ausschneiden. Der wird sicher schön! (Pause) Weiß Beate, dass du einen Stern ausschneiden willst? – Hast du ihr das gesagt?"

Jens (noch immer ärgerlich): „Nee, das weiß sie nicht. Sie ist blöd!"

Frau Landwehr: „Beate ist nicht blöd. Du hast ihr noch nicht gesagt, dass du einen Stern ausschneiden willst. Woher soll sie wissen, wozu du die Schere brauchst? Sag´s ihr bitte jetzt! Sprich sie zuerst freundlich mit ihrem Namen an!"

Jens (deutlich beruhigt): „Beate! (Ansprache, Pause) Ich will mir einen Stern ausschneiden (Rahmen)."

Frau Landwehr (zu Jens gewandt): „Du willst dir einen Stern ausschneiden – und dafür brauchst du die Schere." (Zu Beate gewandt:) „Beate! (Ansprache, Pause) Hast du gehört, was Jens mit der Schere machen will?"

Beate (ganz selbstverständlich): „Ja, das ist in Ordnung. Er kann sie haben. Ich will sie dann aber wieder haben (Diskurs)."

Frau Landwehr: „Jens! (Ansprache, Pause) Hast du gehört? Beate gibt dir die Schere. Bedanke dich bei ihr!"

Jens (als ob nichts gewesen wäre): „Danke, Beate! Ich geb sie dir bestimmt zurück (Abschluss)."

Von da an können die Kinder in aller Ruhe weiter malen und basteln. Die Heilpädagogin wiederholt ihre Fragen in der nächsten Viertelstunde noch mehrmals. Nach etwa einer Viertelstunde haben die Kinder erfasst, wie sie vorgehen können. Im weiteren Verlauf wenden sie die einzelnen Schritte des Kommunikationsmodells zunehmend selbstständig an. Während sie kleben und ausschneiden und malen, entsteht eine angenehme, entspannte Arbeitsatmosphäre. Da sagt Beate: „Jule, merkst du was? Wir können auch ganz lieb sein. Sagst du das der Melanie (der Leiterin des Kindergartens)? Es muss uns nur jemand zeigen, wie das geht!"

Frau Landwehr freut sich: „Beate, das werde ich ihr sagen!"

Frau Landwehrs Gespräch in der Analyse mit dem Kommunikations-modell

1 **Intention**
klar

2 **Ansprache**
vorhanden

3 **Rahmen**
vorhanden

4 **Diskurs**
zielführend

5 **Abschluss**
gelungen

Kommentar:
Bereits kleine Kinder reagieren feinfühlig auf das Kommunikationsmodell. Es macht es ihnen leicht, ihre Wünsche und Bedürfnisse auf friedvolle Weise zu artikulieren. Das Anwenden des Kommunikationsmodells braucht wie alles im Leben Übung. Bei neuen Situationen ist eine ganze Weile immer wieder eine erneute Anleitung erforderlich. Doch gewinnen die Kinder schnell Sicherheit. Die fünf Schritte erleichtern es ihnen, sich auf angemessene Weise einzubringen. Dies hebt ihr Selbstbewusstsein und trägt zum therapeutischen Erfolg der heilpädagogischen Begleitung bei.

FAMILIE SCHÖNFELDER

Rebekka Schönfelder ist eine alleinerziehende Mutter. Ihre Tochter Dorothee ist 15 Jahre alt und besucht die Hedenus-Realschule. Frau Schönfelder hat eine volle Stelle und arbeitet als Bürokauffrau. Es ist für sie eine Herausforderung, den Lebensunterhalt für sich und die Tochter zu verdienen.

Frau Schönfelder wurde vor sechs Jahren Witwe. Nach dem Tod ihres Mannes zog sie nach Birkenfeld in die Nähe ihres Bruders Adrian. Die beiden hatten früher gerne zusammen Musik gemacht, und Adrian mag seine Schwester und auch seine Nichte. Er wollte gern mehr für sie da sein können. Darum regte er an, dass sie nach Birkenfeld ziehen. Diese Anregung griff Frau Schönfelder auf und fand eine hübsche kleine Wohnung. Die Nähe ihres Bruders tut ihr gut. Daneben gibt es in ihrem Leben auch Herausforderungen – die eine ist privat und die andere ist beruflich.

Die Essstörung

Dorothee scheint sehr sensibel zu sein. Vor zwei Jahren hatte sie eine gravierende Essstörung. Das Thema Essen ist immer noch ein gewisses Problem. Die Mutter versucht, damit achtsam umzugehen. Eine halbe Stunde, nachdem es gelungen ist, dass Dorothee eine Gemüsesuppe zum Mittagessen zu sich genommen hat, fragt die Mutter sie ohne weitere Ankündigung: „Was wünschst du dir zum Abendessen?“, und hofft, dass sie überhaupt etwas essen möge. Dorothee sagt darauf: „K. P.“, was eine Abkürzung ist für „Kein Plan“. Mit dieser Floskel rettet sie sich gern vor weiteren Fragen ihrer Mutter. Die Mutter ist entmutigt und vermeidet es, weiter zu insistieren.

Frau Schönfelders Gespräch in der Analyse mit dem Kommunikationsmodell

1 **Intention**
klar

2 **Ansprache**
fehlt

3 **Rahmen**
fehlt

4 **Diskurs**
vorhanden

5 **Abschluss**
verfehlt

Kommentar:
Die Mutter hat wohl die Intention, von der Tochter einen brauchbaren Hinweis zu bekommen, mit was sie diese locken könnte. Kurz nach dem Mittagessen und ohne Ankündigung fühlt sich Dorothee bei diesem Thema überfallen und macht zu: Kommunikation abgebrochen – Tochter verletzt – Mutter verzweifelt.

Alternative:
So könnte die Mutter ihre Tochter erreichen:

„Dorothee (Ansprache; warten, bis sie reagiert), es ist gut, dass du zu Mittag eine gute Suppe gegessen hast (Rahmen). Das reicht jetzt mal (Anerkennung eines Erfolges ohne personalen Verstärker, z. B. ich finde es toll, dass du ...). Später überlegen wir, was du zum Abendessen magst (Diskurs)."

Das macht keinen Druck und kündigt etwas an, das dann leichter gehen wird.

Der Putzplan

Frau Schönfelders zweite Herausforderung ist ihre Chefin. Mit ihr tut sie sich manchmal schwer. Frau Schönfelder arbeitet als Bürokauffrau im Reinigungsdienst Alpenrose. Kürzlich ist es wieder zu einem Ärger gekommen. Und das kam so: Die Versicherungsgesellschaft Alvira hat den Reinigungsdienst Alpenrose beauftragt, ihre acht Räume im Tempohaus wöchentlich zu reinigen. Dann kam es in der letzten Zeit mehrfach zu Reklamationen.

Frau Wagner, die Einsatzleiterin, ist mit einigen Angestellten unzufrieden. Am Freitagmittag spricht sie ihre Mitarbeiterin Frau Schönfelder an: „Können Sie mal den Putzplan für die nächste Woche an die Tafel schreiben?"

Der Putzplan liegt nicht vor. Üblicherweise ist er mittwochs schon da. So fragt Frau Schönfelder: „Wo ist der Plan denn?"

Frau Wagner fährt sie an: „Der ist noch nicht erstellt. Frau Helm ist doch krank und hat ihn noch nicht gemacht. Dann machen Sie ihn doch, das müssen Sie auch können!"

Frau Schönfelder antwortet darauf: „Das habe ich noch nie gemacht, aber ich will es versuchen", und verschwindet schmollend im Büro. Nach fünf Minuten kommt sie weinend wieder zurück und spricht ihre Chefin an: „Frau Wagner, ich kann das nicht. Ich weiß gar nicht, wann die Frauen im Einzelnen verfügbar sind und was sie für Verträge haben."

„Also Frau Schönfelder, das müssen Sie wirklich können. Sie sind ja hier schon seit fünf Jahren in der Firma. Alles muss ich hier selbst machen", antwortet Frau Wagner erregt und braust davon.

Frau Wagners Gespräch in der Analyse mit dem Kommunikationsmodell

1 **Intention**
verschleiert

2 **Ansprache**
fehlt

3 **Rahmen**
Rahmen und Diskurs vertauscht

4 **Diskurs**
vorwurfsvoll

5 **Abschluss**
unbefriedigend

Kommentar:
Frau Helm macht immer am Dienstag die Dienstpläne für die nächste Woche. Sie ist unvorhersehbar erkrankt und konnte diese Aufgabe nicht erfüllen. Frau Wagner, ihre Chefin, hat das nicht bedacht und hat nicht für Abhilfe gesorgt. Sie versucht ihren Fehler auszugleichen, indem sie Frau Schönfelder, eine sehr kompetente Mitarbeiterin, beauftragt, den Dienstplan für die nächste Woche an die Tafel zu schreiben. Spätestens jetzt muss sie gemerkt haben, dass sie etwas versäumt hat. Das soll Frau Schönfelder jetzt ausbügeln und sogar den Dienstplan selbst schreiben, was bisher nie ihre Aufgabe war. Diese ist zwar willig, aber dazu nicht in der Lage. Frau Wagner hat wahrscheinlich von Anfang an begriffen, dass sie selbst den entscheidenden Fehler gemacht hat, und versucht nun, die Misere auf ihre Mitarbeiterin abzuwälzen. Sie verhält sich wie eine „Vor"-gesetzte ohne eigene Kompetenz, ohne den Mut und die Ehrlichkeit, ihren Fehler einzugestehen. Sie erreicht nur, dass alle unglücklich oder zornig sind.

Alternative:

Am Freitagmittag will Frau Wagner ihre Mitarbeiterin bitten, den Dienstplan für die nächste Woche an die Tafel zu schreiben. Da fällt ihr ein, dass Frau Helm, die sonst immer die Dienstpläne schreibt, seit Dienstag wegen Krankheit fehlt. Frau Wagner hätte sich um die Angelegenheit bemühen oder den Dienstplan selber schreiben müssen. Dies ist für sie schwierig, denn sie macht das üblicherweise nicht selbst. Jetzt sucht sie nach einer Lösung. Es ist legitim, dass sie die erfahrenste Mitarbeiterin um Hilfe bittet. Das könnte so aussehen:

„Ach, Frau Schönfelder (Ansprache), ich habe übersehen, dass Frau Helm krank ist und niemand den Dienstplan geschrieben hat. Das ist mein Fehler. Ich werde versuchen, ihn selbst zu schreiben (Rahmen). Ich mache das sonst nie und bitte Sie daher um Ihre Hilfe, damit ich das richtig mache. Sie sind jetzt schon sechs Jahre hier und haben schon viel Erfahrung gesammelt, Frau Schönfelder (Diskurs)."

Diese fühlt sich gewürdigt, obwohl sie für diese konkrete Aufgabe auch wenig Erfahrung hat, und wird ihrer Chefin nach ihren Möglichkeiten helfen. Frau Wagner darf sich der Anerkennung ihrer Mitarbeiterinnen sicher sein.

Im Blumengeschäft

Bei Blumen Seiler am Kirchplatz gibt es immer frische Schnittblumen in großer Auswahl. Adrian Schönfelder arbeitet beim Blumengroßhandel Blütenglück und beliefert das Blumengeschäft am Kirchplatz zweimal in der Woche. Das macht er schon seit mehreren Jahren. Er kennt sich daher mit den Gepflogenheiten des Betriebs aus.

Wie auch sonst parkt er vor dem Geschäft und öffnet die Hecktüre seines Transporters. Er nimmt gleich so viele Blumen in den Arm, wie er tragen kann, und geht damit zur geöffneten Ladentür. Mit einer kräftigen Kopfbewegung nach links fragt er: „Wie immer?", und bekommt zur Antwort: „Ja, gleich hinter in die Werkstatt." Dann läuft der fleißige Lieferant mehrmals hin und her und trägt seine Ware in den hinteren Raum. Da kommt auch Lisa Seiler, die Inhaberin, hin. Sie begutachtet mit einem prüfenden Blick die Ware und nickt zufrieden. Adrian Schönfeld sagt: „Passt alles? – Jetzt brauch ich nur noch eine Unterschrift." Dabei hält er Lisa Seiler sein Lesegerät und einen Stift hin und deutet auf die Stelle, an der sie unterschreiben soll. Danach wendet sich Lisa Seiler gleich der Ware zu und beauftragt einen Mitarbeiter, die Blumen auszupacken und dekorativ in den Laden zu stellen.

Adrian Schönfelder geht aus dem Laden, schließt die Hecktüre seines Transporters, steigt ein und seufzt. Er geht nicht gerne zu Blumen Seiler. Er denkt sich: „Früher hatte sie einen Mann. Der war meistens im Laden mit dabei. Der war immer so freundlich. Damals bin ich gern gekommen."

Herrn Schönfelders Gespräch in der Analyse mit dem Kommunikationsmodell

1 **Intention**
klar

2 **Ansprache**
fehlt

3 **Rahmen**
fehlt

4 **Diskurs**
unvollständiger Satz

5 **Abschluss**
unbefriedigend

Kommentar:
Adrian Schönfelder kommt grußlos an und spricht Lisa Seiler nicht mit ihrem Namen an. Damit lässt er den zweiten Schritt aus und versäumt es, eine persönliche Beziehung zu ihr herzustellen. Danach lässt er auch den dritten Schritt aus und beginnt seine Kommunikation direkt mit dem vierten Schritt, dem Diskurs. Damit wirkt er etwas ruppig.

Im Diskurs stellt er eine Frage. Das macht er mit einem unvollständigen Satz: „Wie immer?" Dieser Stummelsatz löst bei der Angesprochenen einen ebensolchen Stummelsatz aus: „Ja, gleich hinter in die Werkstatt." Die Kommunikation setzt sich in dieser Weise fort. Damit wird der Ton unterkühlt. Der Lieferant mag Lisa Seiler nicht, und sie mag ihn nicht. Es geht nur um die Ware, und nicht um die beteiligten Menschen. Darunter leidet auf Dauer die Geschäftsbeziehung.

Alternative:
Adrian Schönfelder parkt wieder vor dem Geschäft und öffnet die Hecktüre seines Transporters. Dann nimmt er wieder Ware mit und geht

damit zur Ladentür. Dort macht er sich mit einem freundlichen Gruß bemerkbar: „Guten Morgen, Frau Seiler (Ansprache; er wartet, bis sie reagiert), ich bin schon da! Ich hab wieder schöne Blumen für Sie (Rahmen). Soll ich sie gleich in Ihre Werkstatt bringen? (Beginn Diskurs)"

Frau Seiler freut sich und sagt: „Guten Morgen, Herr Schönfelder, herzlich willkommen! Ja, bringen Sie die Blumen bitte gleich in die Werkstatt. Sie kennen sich ja aus."

Herr Schönfelder trägt die Ware in den hinteren Raum und spricht schließlich Frau Seiler erneut mit ihrem Namen an: „Frau Seiler, das war's! Passt alles?"

„Ja, alles ist bestens."

„Dann bitte ich Sie nur noch um Ihre Unterschrift. Unterschreiben Sie bitte hier!" Dabei hält er Lisa Seiler sein Lesegerät und einen Stift hin und deutet auf die Stelle, an der sie unterschreiben soll (Diskurs Ende). Anschließend verabschiedet sich Herr Schönfelder: „Tschüs, Frau Seiler, bis Donnerstag! Ich wünsche Ihnen einen schönen Tag!"

Frau Seiler schaut ihn freundlich an und antwortet ihm: „Ja, bis Donnerstag! Ich wünsche Ihnen auch einen schönen Tag und gute Fahrt! (Abschluss)"

Das klingt doch schon ganz anders und macht beiden gute Laune!

FAMILIE GROSSMÜHL

Dr. Patrick Großmühl lebt schon seit fast dreißig Jahren mit seiner Frau Beatrix in Birkenfeld in einer gepflegten Villa am Ortsrand Richtung Wald. Ihre drei Kinder sind schon lange aus dem Haus, und er freut sich immer zu erfahren, was sie zu berichten haben. Seine Tochter Katharina ist Erzieherin im Sankt Josefs-Kindergarten im nahegelegenen Illerberg. Herr Dr. Großmühl arbeitet bei der Firma Vogel. Das ist eine weit über die Region hinaus bekannte Firma für Antriebstechnik. Dort gehört er der zweiten Führungsebene an. Beatrix Großmühl hat vor vielen Jahren zugunsten der Kindererziehung ihren Beruf als Apothekerin aufgegeben. Sie ist ehrenamtlich in der evangelischen Kirchengemeinde engagiert.

Projekt-Meeting bei Firma Vogel

Bei der Firma Vogel gibt es die Bereiche Entwicklung und Produktion. Sie sind in zwei benachbarten Häusern untergebracht. Herr Rudolph, der Leiter der Entwicklungsabteilung, versteht seinen Bereich als den kreativen oder, wie er gern sagt, „das Gehirn der Firma", während Herr Eldrich, der Leiter der Produktion, betont, dass seine Abteilung das Geld für die Firma verdiene. Alle zwei Wochen gibt es ein Projekt-Meeting, zu dem Herr Dr. Großmühl jeweils fünf Vertreter der beiden Bereiche einlädt. Die meisten der eingeladenen Mitarbeiter finden diese Treffen langweilig und unnütz. Häufig kommt es zu einem Schlagabtausch der beiden Bereichsleiter. Hier folgt ein Beispiel:

Herr Dr. Großmühl eröffnet das Treffen am Donnerstagvormittag um 10 Uhr, gerade wenn in beiden Bereichen große Betriebsamkeit herrscht.

„Guten Morgen, meine Herren. Wie weit sind wir mit der sensationellen Antriebswelle für Mercedes?" Er blickt erwartungsvoll in die schweigende Runde.

Schließlich poltert Herr Eldrich los: „Wir warten immer noch auf die Entwicklungsabteilung mit einem neuen Vorschlag für die Zulieferfirma. Die, die Sie uns vorher genannt haben, war viel zu teuer.

Herr Rudolph entgegnet: „Also, Herr Eldrich, die Firma Eisenmenger liefert uns die Qualität, die wir unbedingt brauchen. Wenn wir an Mercedes nur Schrott liefern, dann kriegen wir nie mehr einen Auftrag von denen.“

Herr Dr. Großmühl bemüht sich, die Wogen zu glätten: „Aber meine Herren, so kommen wir doch nicht weiter. Wir müssen jetzt zu einer Einigung finden. Das Angebot an Mercedes muss jetzt raus. Also, Herr Rudolph, schreiben Sie die drei Firmen noch mal an, ob sie uns Preisnachlässe anbieten können.“

„Das wäre meines Erachtens Sache der Produktion“, erwidert Herr Rudolph. „Die meinen ja immer, alles sei zu teuer.“

Das sieht nicht nach einer Einigung aus.

Herrn Dr. Großmühls Gespräch in der Analyse mit dem Kommunikationsmodell

1 Intention
unpräzise

2 Ansprache
vorhanden

3 Rahmen
fehlt

4 Diskurs
jovial, zu allgemein

5 Abschluss
entfällt

Kommentar:
Herr Dr. Großmühl hat die Vertreter der beiden Abteilungen zu diesem Treffen eingeladen – wie immer am Donnerstag um 10 Uhr. Als Thema hat Herr Dr. Großmühl vorgegeben: „Fortgang bei dem Angebot für Mercedes“. Eine differenzierte Tagesordnung liegt nicht vor. Ebenso

fehlen Anweisungen zur Vorbereitung für die Mitarbeiter. Das ist ein Versäumnis des Vorgesetzten. Das Donnerstags-Meeting ist ein reines Routinetreffen, dessen Ziele und Inhalte niemand kennt. Dabei kommt dann auch nichts heraus, und die Mitarbeiter empfinden es als unnütz und zeitraubend.

Alternative:

Für das Donnerstags-Meeting liegt eine Agenda vor, die bereits allen Beteiligten zugestellt wurde. Herr Dr. Großmühl eröffnet pünktlich um 10 Uhr die Sitzung:

„Guten Morgen, meine Herren (Ansprache). Ich begrüße Sie zu unserem heutigen Meeting, bei dem es um unser geplantes Angebot an Mercedes geht. Ich habe Ihnen meine Stellungnahme dazu zugesandt. Darin habe ich einige Aufgaben an Sie formuliert. (Rahmen) – Herr Eldrich, berichten Sie bitte über mögliche Einsparungen bei der Produktion dieses Teils! (Diskurs)“

Herr Eldrich hat einen klaren Auftrag bekommen und berichtet über die Ergebnisse. Wenn Herr Dr. Großmühl dann Herrn Rudolph ansprechen wird, wird auch dieser ordnungsgemäß seinen Bericht abliefern. Herr Dr. Großmühl muss die Zuarbeit seiner Mitarbeiter nur in der entsprechenden Form einfordern und dabei die fünf Kommunikationsschritte einhalten.

Laura will Pfefferminztee

Katharina Großmühl ist Erzieherin. Sie ist manchmal erstaunt über das fordernde Verhalten von Kindern und fragt sich, wie sie dem beikommen kann. Das folgende Beispiel zeigt, was sie meint:

Vormittags um elf Uhr klingt es laut und glockenklar durch den Engelraum im Sankt Josefs-Kindergarten: „Kann ich bitte einen Pfefferminztee haben?“ Die Frage kommt von Laura, der etwas verwöhnten Tochter eines Arztehepaares. Sie ist fünf Jahre alt und tritt gern etwas dominant auf. Die Erzieherin macht mit der Gruppe von acht Kindern ein Spiel, bei dem die Kinder Vögel benennen sollen. Alle schauen jetzt Laura an und die Erzieherin sagt zu ihr: „Wir machen jetzt ein Gemeinschaftsspiel und du unterbrichst mich dabei. Die anderen Kinder wollen viel lieber weitermachen. Bitte warte, bis wir damit fertig sind.“

Laura tönt weiter: „Aber ich will jetzt Pfefferminztee haben. Der ist gesund, und meine Mami trinkt den auch immer.“

Die Erzieherin wird ungeduldig: „Nein, du bekommst jetzt keinen Tee, und Pfefferminztee haben wir sowieso nicht, sondern nur Früchtetee. Also sei jetzt still.“

„Früchtetee ist bäh, den mag ich nicht, bäääääh.“ Laura fängt an, laut zu weinen.

Die anderen Kinder werden unruhig, einige stehen auf und laufen herum. Die Erzieherin kann die Gruppe nicht mehr zusammenhalten und bricht das Spiel ab.

Das Gespräch der Erzieherin in der Analyse mit dem Kommunikationsmodell

1 **Intention**
klar

2 **Ansprache**
fehlt

3 **Rahmen**
fehlt

4 **Diskurs**
provozierend

5 **Abschluss**
unbefriedigend

Kommentar:
Es ist ein normaler Vormittag im Kindergarten. Laura fügt sich nicht in die Gruppe ein und unterbricht das Spiel mit ihrem Wunsch nach Pfefferminztee. Sie spricht die Erzieherin nicht an, weder mit ihrem Namen noch sonst wie, sondern verkündet allgemein lautstark ihren Wusch. Die Erzieherin fühlt sich unterbrochen und gestört. Sie weist Laura zurecht und lässt sich auf einen wenig hilfreichen Diskurs ein. Sie spricht Laura nicht mit ihrem Namen an und bringt auch keinen Rahmen außer dem Hinweis, dass sie mit der Gruppe ein Spiel macht. Sie lehnt Lauras Wunsch ab, ohne ihr etwas anderes anzubieten. Laura fühlt sich zurückgewiesen, was deren Protest auslöst und zu allgemeiner Unruhe führt. Damit hat die Erzieherin die Führung der Gruppe verloren.

Alternative:
Laura äußert wieder ohne sonstige Ankündigung, dass sie Pfefferminztee haben will. Sie unterbricht damit das Gruppenspiel der Erziehe-

rin. Diese könnte darauf sagen: „Laura (Ansprache), du hast offenbar Durst. Du kannst gerne einen Tee bekommen, sobald wir dieses Spiel beendet haben. Das wird noch ein paar Minuten dauern (Rahmen). Bitte warte so lange! Dann schau ich gern mit dir nach einem feinen Tee."

Laura antwortet: „Ja, ich habe Durst, aber ich kann auch warten, wenn ich dann Tee bekomme (Diskurs)."

Was für ein Tee das sein wird, spielt in diesem Moment keine Rolle.

Die abgesagte Einladung

Das Ehepaar Buchholz ist am Samstag bei Großmühls eingeladen, doch sie müssen absagen. Wie so oft ist das die Aufgabe der Ehefrau. Frau Buchholz ruft bei Frau Großmühl an und erklärt: „Also das tut mir wahnsinnig leid, Frau Großmühl. Wir müssen Ihnen leider absagen. Wir haben uns schon so auf Ihre Einladung gefreut, aber jetzt hat mein Mann erfahren, dass er für die Firma nach Portugal fliegen muss, ausgerechnet am Freitag. Als ob das nicht auch am Montag noch ginge, das kümmert die aber nicht.“

„Na, da kann man nichts machen“, erwidert Frau Großmühl kurz angebunden. „Vielleicht klappt es ein andermal.“

Frau Buchholz' Gespräch in der Analyse mit dem Kommunikationsmodell

1 **Intention**
klar

2 **Ansprache**
vorhanden, allerdings verzögert

3 **Rahmen**
vorwurfsvoll, mit Diskurs vertauscht

4 **Diskurs**
ichbezogen, mit Rahmen vertauscht

5 **Abschluss**
unerfreulich

Kommentar:
Es wird deutlich, dass es Frau Buchholz unangenehm ist, die Einladung bei dem Ehepaar Großmühl kurzfristig abzusagen. Die von ihr gewählte Formulierung drückt ihre Unsicherheit aus. Sie beginnt mit ihrem eigenen Unbehagen, was Frau Großmühl vermutlich wenig interessiert.

Dann platzt sie mit dem Diskursthema heraus und liefert den Rahmen als Begründung nach. Und dann kritisiert sie noch die Firma, für welche Herr Buchholz tätig ist. Sie entschuldigt sich nicht und sagt auch sonst nichts, was die Mitteilung für Frau Großmühl freundlicher machen könnte. Diese wird sich ihren Teil dazu denken.

Auch unerfreuliche Mitteilungen können wir freundlich verpacken.

Alternative:

Frau Buchholz ruft Frau Großmühl an:

„Hallo Frau Großmühl (Ansprache), ich grüße Sie. Heute ist wirklich ein herrlicher Tag. Ich danke Ihnen noch einmal für Ihre freundliche Einladung. Bedauerlicherweise ist uns etwas dazwischengekommen. Christian hat heute erfahren, dass er am Freitag für die Firma nach Portugal fliegen soll. Daher sage ich Ihnen ab. Das tut mir sehr leid. Es ist immer so romantisch auf Ihrer Loggia (Rahmen). Wir wollen gern auch Sie einmal zu uns einladen. Was halten Sie davon? Fragen Sie doch mal Ihren Mann! (Beginn Diskurs)“

Frau Großmühl antwortet: „Ach, das ist aber wirklich schade. Für Ihren Mann ist das sicher auch lästig, plötzlich auf Dienstreise geschickt zu werden. Lassen Sie uns nächste Woche noch einmal telefonieren, wann es für uns beide passt, dass wir uns treffen! (Diskurs Ende) Ich wünsche Ihrem Mann einen guten Flug. Tschüss, Frau Buchholz. (Abschluss)“

Hier wird Frau Großmühl nicht ärgerlich sein. Sie bedauert selbst Herrn Buchholz wegen der unerwarteten Dienstreise.

Besuchsdienst der evangelischen Paulusgemeinde

Beatrix Großmühl gehört genauso wie ihr Mann der evangelischen Paulusgemeinde in Birkenfeld an. Dort ist sie Mitglied des Kirchenvorstands und engagiert sich ehrenamtlich im Besuchsdienst. In diesem Rahmen besucht sie alleinstehende Männer und Frauen sowie Familien, die neu nach Birkenfeld gezogen sind und als Mitglieder der evangelischen Kirche gemeldet sind. Sie hofft, möglichst viele der neuen Birkenfelder für die Gemeinde zu gewinnen. So kann die Gemeinde weiterwachsen, und für die Neuen wird es leicht, sich einem Kreis von hilfsbereiten Menschen anzuschließen und sich dann gut in Birkenfeld einzuleben.

Frau Großmühl hat Freude an ihrem ehrenamtlichen Dienst. In der warmen Jahreszeit bindet sie für jeden einen Blumenstrauß mit Blumen aus ihrem großen Garten und fährt dann mit ihrem Fahrrad zu der angegebenen Adresse und läutet. Viele der Neuzugezogenen öffnen bereitwillig die Türe und bitten sie herein. Gefühlt zu oft bekommt sie jedoch Desinteresse oder gar Ablehnung zu spüren und radelt dann mit oder auch ohne ihren Blumenstrauß bekümmert wieder weg. Dann ist es ihr nicht gelungen, den Kontakt herzustellen und eine Einladung auszusprechen. So war es auch bei dem Besuch bei Ludwig Grimm. Die Situation war für sie schwierig.

Frau Großmühl eröffnet das Gespräch: „Grüß Gott, ich komme vom Besuchsdienst der Paulusgemeinde, Großmühl ist mein Name, und ich möchte Sie gern besuchen. Ich möchte Sie auch gar nicht lang stören. Ich hätte Ihnen zur Begrüßung gern einen Strauß dagelassen und Ihnen die Übersicht über die Veranstaltungen unserer Gemeinde überreicht."

„Das ist ja furchtbar nett", antwortet Herr Grimm, „aber ich habe daran kein gesteigertes Interesse. Den Blumenstrauß nehme ich natürlich gerne, wenn ich darf."

Frau Großmühl erwidert: „Ja, natürlich, den habe ich für Sie gemacht! – Ich lasse Ihnen unseren Kirchenboten mit der Veranstaltungsübersicht trotzdem einmal gerne da. Es wäre schön, wenn man sich mal beim Gottesdienst sehen könnte!"

„Na gut, geben Sie mal her!"

Frau Großmühl reicht Herrn Grimm den Kirchenboten. Er nimmt

ihn wortlos und bedeutet ihr dann, dass er den Kontakt nun beenden will. Sie wendet sich mit einem abschließenden Gruß zum Gehen: „Auf Wiedersehen!“

Herr Grimm antwortet kurz: „Auf Wiedersehen“, und schließt die Türe hinter sich.

Frau Großmühl seufzt leise und denkt: „Schade, ihn habe ich nicht erreicht.“ Sie radelt wieder nach Hause.

Frau Großmühls Gespräch in der Analyse mit dem Kommunikationsmodell

1 **Intention**
unklar

2 **Ansprache**
fehlt

3 **Rahmen**
unspezifisch

4 **Diskurs**
fehlt

5 **Abschluss**
Enttäuschung

Kommentar:
Frau Großmühl kommt mit Freude und guten Absichten zu dem neuen Bürger von Birkenfeld. Sie gibt sich im Vorfeld viel Mühe und bindet ihm sogar einen Strauß mit Blumen aus ihrem Garten. Sie versäumt, Herrn Grimm mit seinem Namen anzusprechen. Der Rahmen ist unspezifisch und der Diskurs fehlt. Daher misslingt der Abschluss. Der Abschluss ist enttäuschend.

Es geht bei Frau Großmühls Kommunikation nur um sie selbst. Sie will ihn besuchen und ihm etwas zur Begrüßung überreichen. Das ist ihr Wunsch – ob er etwas von ihrem Besuch hat, scheint sie nicht zu interessieren. Er hört nur, dass sie ihn nicht lange stören will. Die darin enthaltene Verneinung trägt zu der dann folgenden atmosphärischen Irritation bei. Der wiederholte Gebrauch des Konjunktivs II mit „möchten", „hätte" und „würde" lässt Frau Großmühl unsicher und unterwürfig erscheinen.

Alternative:

So führt Frau Großmühls Besuch zum Erfolg:

Frau Großmühl: „Grüß Gott, Herr Grimm, ich bin Beatrix Großmühl (Ansprache). Sie sind neu nach Birkenfeld gezogen. Ich komme von der Paulusgemeinde und begrüße Sie herzlich als Neuzugezogenen (Rahmen). – Ist es Ihnen recht, dass ich Sie besuche (Beginn Diskurs)?" Dabei hält sie ihren Blumenstrauß vor sich in der Hand.

Herr Grimm: „Ich bin gerade mitten in einer Arbeit, doch können Sie gern kurz hereinkommen, wenn Sie meine Unordnung nicht stört!"

Frau Großmühl: „Ich habe Ihnen einen Strauß aus meinem Garten mitgebracht. Den schenke ich Ihnen und wünsche Ihnen Freude damit! – Ich heiße Sie im Namen der Gemeinde herzlich willkommen! Zur Paulusgemeinde gehören viele hilfsbereite Menschen. Wir machen es den Neuen gern leicht, in Birkenfeld anzukommen und sich hier einzuleben. Darf ich Ihnen unseren Kirchenboten dalassen mit all unseren Veranstaltungen und den Kontaktdaten der Gemeinde?"

Herr Grimm: „Das ist ja wirklich liebenswürdig. Ja, den Kirchenboten nehme ich gern. (Diskurs Ende)"

Frau Großmühl überreicht ihm den Kirchenboten und sagt: „Ich wünsche Ihnen ein gutes Einleben und eine glückliche Zeit in Birkenfeld." Nach einer Pause fügt sie lächelnd hinzu: „Vielleicht sehen wir uns einmal im Gottesdienst und auch anschließend beim Sonntagskaffee!" Danach verabschieden sie sich herzlich und Frau Großmühl radelt zufrieden nach Hause (Abschluss).

Küchenkauf leicht gemacht

Beatrix Großmühl wünschte sich schon lange eine neue Küche. Ihr Mann fand immer, dass die Küche auch nach fast dreißig Jahren noch gut genug ist. Bei ihren bisherigen Versuchen war Beatrix immer am Nein ihres Mannes hängen geblieben. Dann lernte sie das Lingva Eterna Sprach- und Kommunikationskonzept kennen und entdeckte das Kommunikationsmodell für sich – und auf einmal ging der Küchenkauf leicht.

Sie bereitete sich anhand der fünf Schritte auf das Gespräch mit ihrem Mann vor und schrieb sich die einzelnen Schritte auf. Sie formulierte als Erstes ihre Intention genau aus. Diese Sätze schrieb sie auf. Das Ausformulieren half ihr, klar zu werden in dem, was sie erreichen wollte. Als Nächstes achtete sie darauf, dass die Reihenfolge der Gedanken stimmte. Als sie alles in Gedanken vorbereitet hatte, übte sie das Gespräch erst einmal für sich allein. Erst nach diesen Vorbereitungen setzte sie sich mit ihrem Mann hin und sagte ihm, dass sie eine neue Küche brauche. Ihre Gedanken leuchteten ihm ein, und am Ende des Gesprächs hatte sie seine Zustimmung für eine neue Küche. Ihr Gespräch klang so:

Beatrix: „Patrick (Ansprache), ich will mit dir etwas besprechen. Es geht um unsere Küche. Die haben wir kurz nach unserer Hochzeit gekauft. Das ist jetzt dreißig Jahre her. Sie hat lange gehalten und ihren Dienst getan. Jetzt ist ihre Zeit um: Der Backofen hat seine Macken und der Herd ist auch in die Jahre gekommen. Die Scharniere an manchen Türen sind schadhaft und die Vorderseiten haben überall Kratzer. Kurzum: Unsere gute alte Küche hat ausgedient (Rahmen). Lass uns bitte eine neue Küche kaufen! (Beginn Diskurs)“

Patrick: „Ja, da gebe ich dir recht. Wir haben die Küche wirklich schon lang und sie hat ihre Macken. Wir können gern eine neue Küche kaufen. – Hast du schon eine Idee, wie sie aussehen soll?“

Beatrix: „Ich freue mich, dass du einer neuen Küche zustimmst. Da wird es mir noch mehr Freude machen, für uns etwas Gutes zu kochen und zu backen! Ja, ich habe schon erste Vorstellungen davon, was eine neue Küche beinhalten soll. Da werde ich mich gerne umschauen und mir Angebote geben lassen (Diskurs Ende).“

Patrick: „Das klingt gut! Ich freue mich auch schon auf unsere neue Küche! (Abschluss)“

Frau Großmühls Gespräch in der Analyse mit dem Kommunikationsmodell

1 **Intention**
klar

2 **Ansprache**
vorhanden

3 **Rahmen**
vorhanden, informativ

4 **Diskurs**
zielführend

5 **Abschluss**
vorhanden, erfreulich

Kommentar:
Frau Großmühl erkannte, dass sie bei ihren früheren Anläufen zu einem Küchenkauf den Rahmen immer zu kurz gemacht hatte. Außerdem war ihre Intention zu schwammig gewesen. Das hatte sich auch in Formulierungen gezeigt wie „Wir könnten mal" oder „Man sollte vielleicht mal nachfragen". Jetzt war sie klar, und damit konnten sich beide leicht auf eine neue Küche einigen.

FAMILIE TÖPFER

Tobias Töpfer arbeitet im Planungsbüro der Baufirma Bürgerdach, seine Ehefrau Viktoria arbeitet als Teilzeitkraft in einer Buchhandlung in Illerberg. Ihre Tochter Florentine ist 17 Jahre alt und macht derzeit im örtlichen Fitnessstudio eine Ausbildung zur Sport- und Fitnesskauffrau. Lilli, ihre zweite Tochter, ist 12 Jahre alt und ist am Anfang ihrer Pubertät. Die Familie wohnt in einer Reihenhaussiedlung.

Ein Planungsfehler

Herr Töpfer arbeitet an der Bauplanung eines Zweifamilienhauses im benachbarten Mümmelbach. Er bemerkt in den Unterlagen einen Fehler und geht von einem Planungsfehler aus. Diese Erkenntnis droht seinen Zeitplan durcheinanderzubringen. Mit der Annahme, dass es sich um einen Planungsfehler handelt, geht er zu Herrn Zirkel, seinem Chef. Er erklärt ihm in ärgerlichem Ton:

„Der Platz für die zwei Garagen bei dem Zweifamilienhaus im benachbarten Mümmelbach ist viel zu knapp bemessen!“

Sein Chef antwortet ihm: „Dann lassen Sie doch die Rabatte weg!“

Herr Töpfer ist verwirrt und sagt: „Wie bitte? Das verstehe ich jetzt nicht!“

„Ich hab doch deutlich gesagt, was ich will!“, gibt Herr Zirkel in gereiztem Ton zurück.

Herr Töpfer fühlt sich unberechtigt kritisiert und lässt sich diesen Ton nicht bieten. Er kontert: „Die beiden Garagen langen vielleicht gerade einmal für zwei Trabis, doch nicht für zwei SUVs, wie Sie einen haben.“ Dazu macht er eine abfällige Kopfbewegung. Der Chef denkt für sich: „So ein unverschämter Kerl!

Herrn Töpfers Gespräch in der Analyse mit dem Kommunikationsmodell

1 **Intention**
unklar

2 **Ansprache**
fehlt

3 **Rahmen**
zu kurz

4 **Diskurs**
konfrontativ

5 **Abschluss**
noch offen

Kommentar:
Die Kommunikation ist bis jetzt misslungen. Es ist nicht klar, was Herr Töpfer von seinem Chef will. Will er seinem Ärger Luft machen? Oder will er ihn fragen, was es mit dem von ihm bemerkten Fehler auf sich hat? Seine Intention ist unklar. Als Nächstes fehlt die Ansprache: Herr Töpfer spricht seinen Chef nicht mit dem Namen an. Die Ansprache mit dem Namen fehlt danach auch bei seinem Chef. Das belastet die nachfolgende Kommunikation. Herr Töpfer lässt auch den Rahmen weg. Damit gibt er seinem Chef keine Chance, sich gedanklich auf die Aufgabe mit dem Zweifamilienhaus einzustellen. Der Rahmen hätte es Herrn Zirkel ermöglicht, von sich aus auf eine bereits früher erfolgte Planungsänderung hinzuweisen. Im Diskurs wirkt das hörbare Ausrufezeichen am Ende seiner Aussage wie ein Vorwurf an den Chef. Darauf reagiert er mit Gegendruck.

Herr Zirkel kennt die Vorgeschichte des Projekts in Mümmelbach, versäumt es jedoch, seinen Mitarbeiter auf die in einem früheren Schritt erfolgte Planungsänderung hinzuweisen. Damit hätte sich der vermeintliche Fehler aufklären lassen. Stattdessen wirft er dem Mitarbeiter einen Lösungsansatz hin, der für diesen irritierend sein muss. Herr Töpfer kontert mit einer frechen Bemerkung.

Die Kommunikation ist dadurch entgleist, dass Herr Töpfer in seiner Intention unklar war und danach die Ansprache und den Rahmen übersprungen hat. Dazu kommt, dass die beiden kleinen Wörtchen „doch" und „deutlich" Druck machen und sich nachteilig auf die Stimmung auswirken.

Alternative:

Herr Zirkel erkennt, dass seinem Mitarbeiter Herrn Töpfer eine wichtige Information fehlt. Er informiert seinen Mitarbeiter darüber:

„Herr Töpfer (Ansprache), in den früheren Plänen war da noch eine breite Rabatte eingezeichnet. Die ist jetzt nicht mehr da. Also können wir die Garagen getrost um einen Meter breiter machen! (Rahmen)"

Herr Töpfer antwortet darauf: „Ach so, das habe ich nicht gewusst. Ja, so müsste es gehen! Ich danke Ihnen für den Hinweis (Diskurs)."

Herr Zirkel erwidert: „Das tut mir leid. Das war jetzt mein Fehler! (versöhnender Abschluss)."

Wer räumt die Spülmaschine aus?

Viktoria Töpfer ist in der Küche und bereitet das Abendessen vor. Sie ist damit beschäftigt, Gemüse zu schneiden. Heute werden sie Freunde zu Gast haben. Ihr Mann hat seit zwei Stunden im Garten gearbeitet. Der Komposthaufen musste neu hergerichtet werden. Das ist schwere Arbeit mit Graben und dem Setzen von Pfosten. Jetzt kommt er in die Küche, holt sich ein Glas Wasser und setzt sich ins Wohnzimmer.

Viktoria ruft durch die offene Tür: „Tobias, die Spülmaschine ist noch voll."

„Na und?"

„Räumst du sie mal schnell aus? Du weißt doch, dass wir Besuch bekommen."

„Sag halt gleich, wenn du was von mir willst!"

„Hab ich doch! Weißt du nicht mehr, dass heute die Bronichs kommen?"

„Natürlich weiß ich das, aber du hast nicht gesagt, dass ich die Spülmaschine ausräumen soll."

„Na, die ist noch voll und wir brauchen das Geschirr heute noch. Du bist manchmal schwierig, Tobias."

Die Stimmung ist getrübt.

Frau Töpfers Gespräch in der Analyse mit dem Kommunikationsmodell

1 **Intention**
verschleiert

2 **Ansprache**
vorhanden

3 **Rahmen**
vorhanden, jedoch unvollständig und verspätet

4 **Diskurs**
vorhanden, mit Vorwurf

5 **Abschluss**
unbefriedigend

Kommentar:
Viktoria ist in der Küche beschäftigt und sieht, dass die Spülmaschine nicht geleert ist. Sie werden Gäste haben und das Geschirr aus der Spülmaschine brauchen. Sie wünscht sich, dass Tobias die Maschine ausräumt. Das sagt sie ihm aber zunächst nicht. Sie spricht ihn mit seinem Namen an und sagt: „Die Spülmaschine ist noch voll.“ Was zu tun ist, darauf soll Tobias, der von der Gartenarbeit kommt, schon selber kommen. Ihre Intention drückt sie nur verschleiert aus – keine Bitte, keine klare Aufforderung. Den Rahmen liefert sie in der Begründung nach, dass sie Gäste erwarten. Sie müsste vor dem Diskurs kommen.

Alternative:
So könnte Viktoria ihren Mann zur Mithilfe gewinnen:

„Tobias (Ansprache), du kommst aus dem Garten. Ich hoffe, du bist noch frisch genug, um mir einen Gefallen zu tun. Ich bin etwas in Eile und wir haben heute Abend Gäste. Wir brauchen das Geschirr aus der Spülmaschine (Rahmen). Bitte räume sie aus! (Diskurs)“

Vermutlich macht er das. Daraufhin sagt sie ihm etwas Wertschätzendes (Abschluss).

Im Fitnessstudio

Die Fitness-Insel ist das einzige Fitnessstudio in Birkenfeld. Es hat vor einigen Jahren aufgemacht und ist wegen seiner hohen Professionalität und wegen der freundlichen, familiären Atmosphäre beliebt. Die Leute kommen nicht nur aus dem Vorort, sondern auch aus der weiteren Umgebung zum Trainieren dorthin.

Florentine Töpfer ist dort im dritten Ausbildungsjahr zur Sport- und Fitnesskauffrau. Es gehört zu ihren Aufgaben, die einzelnen Kunden zu begrüßen und sie dann beim Training zu begleiten. Sie schaut sich um und achtet darauf, dass die Einzelnen mit ihren Übungen gut zurechtkommen. Bei Bedarf bietet sie ihnen ihre Hilfe an oder gibt ihnen einen Tipp.

Im Fitnessstudio gibt es feste Regeln. Eine dieser Regeln ist, dass die Kunden die Straßenschuhe in der Umkleide ausziehen und Sportschuhe anziehen. Diese Sportschuhe sollen unbedingt helle Sohlen haben.

Florentine kennt ihre Pappenheimer. Es sind immer wieder Kunden dabei, die den Gruppenraum trotzdem mit Straßenschuhen betreten oder Schuhe mit dunklen Sohlen anhaben. Sobald sie bemerkt, dass jemand den Gruppenraum mit dunklen Sohlen betritt, ruft sie: „Den Gruppenraum nicht mit dunklen Sohlen betreten!! Dankeschön!“ Derjenige entschuldigt sich dann. Mancher kommt beim nächsten Mal dennoch wieder mit Schuhen mit dunklen Sohlen.

Gelegentlich übersieht sie die dunklen Sohlen. Abends muss sie dann mit ihren Kollegen die ganzen schwarze Striche auf dem Fußboden wegradieren. Darüber ärgert sie sich.

Florentines Gespräch in der Analyse mit dem Kommunikationsmodell

1 **Intention**
klar

2 **Ansprache**
fehlt

3 **Rahmen**
fehlt

4 **Diskurs**
unvollständiger Satz mit Negation

5 **Abschluss**
floskelhaft

Kommentar:
Florentine kennt vermutlich bei den meisten Kunden den Namen. In diesem Beispiel lässt sie den Namen weg. So fühlt der Kunde sich nicht gesehen und hat nur ein geringes Interesse, sich kooperativ zu zeigen. Sie lässt nach der fehlenden Ansprache auch den Rahmen weg. Damit macht sie es dem Kunden schwer, sich auf ihre Gedanken einzulassen. Im anschließenden Diskurs gebraucht sie einen unvollständigen Satz. Dazu kommt, dass sie eine Negation gebraucht – sie sagt dem Kunden, was er nicht machen soll. Damit entsteht bei ihm ein falsches Bild, nämlich das von dunklen Sohlen. Genau damit geht er dann in den Gruppenraum. Ein Aufforderungssatz mit einer Handlungsanweisung wäre zielführend gewesen.

Sie fügt den Dank direkt an ihre Botschaft an, statt aus ihm ein eigenständiges Element ihrer Kommunikation zu machen. In dieser Form wirkt der Dank floskelhaft und gleichzeitig zurechtweisend.

Alternative:
So wird Florentine bei ihren Kunden Erfolg haben: „Mario (Ansprache; Pause, bis er reagiert), ich sehe, dass deine Schuhe dunkle Sohlen haben (Rahmen). Bitte nimm für dein Training immer Schuhe mit hellen Sohlen (Beginn Diskurs). Ich habe dich schon einmal darauf hingewiesen. Vielleicht habe ich dir noch nicht erklärt, warum die hellen Sohlen so wichtig sind: Sie lassen den Boden schön sauber. Die dunklen Sohlen dagegen machen schwarze Striche auf den Boden. Wir wollen, dass es hier für unsere Kunden gepflegt und schön aussieht. Bitte halte dich an diese Regel!“

Daraufhin sagt Mario vermutlich: „Ach so, das hatte ich wieder vergessen. In Zukunft werde ich darauf achten! (Diskurs Ende)“

Dann beendet Florentine das Gespräch freundlich: „Da bin ich froh! Und jetzt wünsche ich dir Freude beim Training! (Abschluss)“

Mir egal

Viktoria Töpfer steht mit ihrer zwölfjährigen Tochter Lilli im nahegelegenen Bäckerladen an. Sie sprechen nicht miteinander. Als sie an die Reihe kommen, fragt die Mutter: “Hast du einen Wunsch?“

„Egal“, antwortet Lilli.

„Ach, mein Kind. Egal gibt's nicht. Willst du eine Schokoschnecke – oder vielleicht lieber was Herzhaftes oder nur eine Laugenbrezel?“

„Egal!“

„Also, mach nun mal, die anderen Leute wollen hier auch was kaufen.“

„Mama, das ist mir egal.“

„Also, dann kriegst du eine Laugenbrezel, fertig.“

Viktoria lässt sich die Brezel und noch ein Vollkornbrot einpacken und bezahlt. Beim Rausgehen mault Lilli: „Also Laugenbrezeln hasse ich.“

Die Mutter stöhnt: „Mit dir einzukaufen, ist wirklich eine Qual.“

„Dann geh doch allein einkaufen“, gibt Lilli patzig zurück.

Frau Töpfers Gespräch in der Analyse mit dem Kommunikationsmodell

1 Intention
nicht klar

2 Ansprache
fehlt

3 Rahmen
fehlt

4 Diskurs
bei der Mutter vorhanden, von der Tochter verweigert

5 Abschluss
schlechte Stimmung

Kommentar:
Wir wissen nicht, wie die Mutter ihre Tochter zu dem Einkauf eingeladen hat. Es klingt nicht nach einer Absprache. Lilli hat offensichtlich keine Lust, oder auch das ist ihr egal. Vermutlich hat die Mutter schon vorher angenommen, dass der Einkauf beim Bäcker so ausgehen würde. Was könnte ihre Intention gewesen sein, die Tochter überhaupt mitzunehmen? Die Kommunikation zwischen beiden ist offenbar schon länger schwierig.

Alternative:
Viktoria hätte mit Lilli schon zu Hause klären sollen, ob sie bereit ist, mit ihr einzukaufen.

„Lilli (Ansprache; Pause, bis sie reagiert), ich gehe jetzt zum Bäcker (Rahmen), willst du mitkommen oder darf ich dir etwas mitbringen? (Diskurs)"

„Egal."

„Ich hole ein Vollkornbrot und bringe dir eine Laugenbrezel mit. Ist das in Ordnung? (Diskurs Ende)"

„Passt schon! (Abschluss)"

So umgeht Viktoria die peinliche Situation im Bäckerladen. Lilli ist in einem schwierigen Alter. Sie kann sich schwer entscheiden. Hätte die Mutter gefragt: „Hast du Lust auf eine Laugenbrezel?", so wäre sie der Tochter zu nahegekommen. Lilli hat zurzeit offenbar wenig Lust am Leben. Sie braucht Distanz, um sich selbst zu finden. Das sind schwierige Zeiten für Eltern und Kinder.

Im Seniorenwohnheim

Frau Berger, Viktoria Töpfers Mutter, ist 82 Jahre und lebt im Birkenfelder Seniorenheim Weitblick. Sie hat Schwierigkeiten, sich alltägliche Dinge zu merken. An alte Geschichten aus ihrem Leben erinnert sie sich viel leichter, und sie hat Freude, wenn sie einmal davon erzählt. Ihre Tochter Viktoria besucht sie regelmäßig. Frau Berger erkennt sie immer gleich, weiß jedoch manchmal nicht, in welcher Situation sie sich begegnen.

Es ist kurz nach sechs Uhr. Es klopft, Frau Haselbeck, die Pflegerin, kommt herein und sagt: „Es ist Zeit fürs Abendessen, bitte kommen Sie gleich mit mir, ich bring Sie hin, sonst finden Sie wieder nicht zum Speisesaal!"

Frau Berger erzählt gerade von ihren früheren Erfolgen als Schauspielerin, die ihr noch ganz präsent sind. Sie verkennt die momentane Situation und sagt: „Wir wollten doch nach der Vorstellung ins Royal essen gehen. Wo sind denn die anderen?" Frau Haselbeck korrigiert sie: „Frau Berger, Sie sind hier nicht im Theater, sondern im Seniorenheim Weitblick, also kommen Sie jetzt mit mir zum Abendessen."

Frau Berger ist nun gänzlich verwirrt und protestiert heftig, bis die Tochter einlenkt und sagt: „Mama, es ist Abendessenszeit und Frau Haselbeck will dich in den Speisesaal bringen. Das ist in Ordnung. Da gehst du doch gerne hin, da triffst du auch andere Leute. Ich begleite dich."

Die Tochter verhindert durch ihr umsichtiges Verhalten eine Eskalation, und Frau Berger lässt sich willig in den Speisesaal führen.

Frau Haselbecks Gespräch in der Analyse mit dem Kommunikationsmodell

1 Intention
klar

2 Ansprache
fehlt

3 Rahmen
diffus

4 Diskurs
abwertender Zusatz,
dann hilfreiche Korrektur durch die Tochter

5 Abschluss
nach Korrektur gelungen

Kommentar:
Im Umgang mit alten Menschen, die öfter Störungen der Wahrnehmung und des Erkennens der Situation haben, ist eine klare Sprache besonders wichtig. Alte Erlebnisse und Geschichten sind für sie manchmal mehr präsent als die Gegenwart. Da sie manchmal eine Person nicht richtig einordnen können, muss der Gesprächspartner erklären, wer er ist und was er will. Der Rahmen ist wichtig, um den alten Menschen in die aktuelle Situation zu bringen. Frau Haselbeck hat Frau Berger nicht mit Namen angesprochen. Sie hat ihr nicht Zeit gelassen, aus ihren Geschichten in die Gegenwart zu kommen, und damit hat sie sie nicht erreicht. Es kommt zu keinem effektiven Diskurs.

Alternative:
So erreicht die Pflegerin ihre an Demenz erkrankte Patientin:
„Guten Abend, Frau Berger. Ich bin Frau Haselbeck, ihre Pflegerin. Jetzt gibt es Abendessen. Dazu hole ich Sie ab. Bitte kommen Sie mit mir. Ich bringe Sie in den Speisesaal. Ihre Tochter kann uns gerne begleiten."

Parkplatznot

Tobias Töpfers Chef, Herr Zirkel, freut sich über seinen neuen Campingbus. Erst vor ein paar Tagen hat er ihn beim Birkenfelder Autohändler abgeholt, und bald wird er mit seiner Frau damit auf Reisen gehen. Da kommt seine aufgeregte Nachbarin Frau Schmidt und beklagt sich: „Herr Zirkel, ich sehe, dass Sie einen neuen Campingbus haben. Stellen Sie den bitte woanders hin und nicht hier. Sie haben schon einen großen SUV und Ihre Frau hat auch ein eigenes Fahrzeug. Das wird zu einer echten Belästigung. Also suchen Sie sich gefälligst einen anderen Platz für das Ungeheuer!“

Herr Zirkel fühlt sich ungerechten Vorwürfen ausgesetzt: „Na, hören Sie mal, Frau Schmidt, das ist eine öffentliche Straße und nicht Ihr Privatweg. Ich darf hier mit allen Autos parken, die ich besitze. Die könnten Sie sich gar nicht leisten.“

Frau Schmidt ist empört: „Das ist eine Unverschämtheit. Ich werde die Gemeinde anrufen, dass sie Ihnen verbietet, hier mit drei Fahrzeugen alles zu blockieren.“

Frau Schmidts Gespräch in der Analyse mit dem Kommunikationsmodell

1 **Intention**
klar

2 **Ansprache**
vorhanden

3 **Rahmen**
vorhanden, teilweise vertauscht mit Diskurs

4 **Diskurs**
vorwurfsvoll

5 **Abschluss**
Ärger

Kommentar:
Frau Schmidt hat bei ihrem nachvollziehbaren Ärger vergessen, was sie über Kommunikation schon gelernt hat. Das kann passieren. Sie hat eine scheinbar klare Intention, dabei hat die Unmutsäußerung die Oberhand gegenüber dem Änderungswunsch gewonnen. Das bringt jedoch keine Lösung. Dann platzt sie gleich mit dem Diskursthema heraus und liefert den Rahmen, die Überzahl an Fahrzeugen der Zirkels, erst nach. Der Rahmen bringt meist den Grund für die Intention und ist daher zuerst zu nennen. Das verhindert, dass sich gegenseitig die Emotionen aufschaukeln.

Alternative:
So kann Frau Schmidt Herrn Zirkel leichter erreichen:

„Guten Tag, Herr Zirkel (Ansprache), ich bin froh, dass ich Sie sehe. Ich will sie auf unsere Parksituation ansprechen. In unserer Straße wird es immer schwieriger einen Parkplatz zu finden. Sie haben einen neuen schicken Campingbus. Er ist ziemlich lang. Sie haben schon einen großen SUV und Ihre Frau hat auch ein eigenes Fahrzeug, das finde ich recht viel. Am Ende der Straße, etwa 300 Meter von hier ist ein großer Parkplatz (Rahmen). Könnten Sie Ihren Campingbus dort hinstellen? Das wäre eine große Hilfe. Auch alle anderen Bewohner werden Ihnen dankbar sein. (Beginn Diskurs)“

Herr Zirkel: „Ach so, okay, das ist gut möglich, wird gemacht, Frau Schmidt! (Diskurs Ende) Ich wünsche Ihnen einen schönen Tag! (Abschluss)“

Die Zukunft von Birkenfeld

In Birkenfeld gibt es bereits jetzt eine stets wachsende Zahl von Menschen, die das Lingva Eterna Sprach- und Kommunikationskonzept mit seinem Kommunikationsmodell kennengelernt haben und einsetzen.

Sie erleben, dass es praxisnah und alltagstauglich ist, und nutzen es daher gerne weiter. Sie wenden die Anregungen privat und beruflich an, und Freunde und Kollegen fragen sie, was sie nur machen, dass ihnen vieles leichter gelingt als ihnen. Dann erzählen sie ihnen davon. Dazu kommen die Grundschule von Birkenfeld sowie die Hedenus-Realschule, wo einzelne Lehrer die Kinder bereits mit dem Kommunikationsmodell anleiten und ihnen zeigen, wie sie ihre Wünsche und Bedürfnisse auf freundliche Weise formulieren können.

So breitet sich in Birkenfeld zunehmend eine klare, wertschätzende Kommunikation aus. Sie ist überall zu spüren: in Betrieben, in Familien, in Vereinen, im Gemeinderat – und auch beim Friseur: Die Inhaberin des Ginkgo-Friseursalons hat Lingva Eterna schon vor mehreren Jahren kennengelernt und sich von uns schon bald zur Beraterin ausbilden lassen. Sie sieht ihre Kunden und Kundinnen etwa alle sechs Wochen und bietet ihnen in kleinen Dosen immer wieder eine neue sprachliche Anregung an. Die meisten nehmen dieses Angebot gerne an. Sie lacht und spricht von einer friseurischen Revolution: „Wer sonst sieht seine Kunden alle sechs Wochen über Jahre hinweg, wenn nicht wir Friseure und Friseurinnen. Uns bieten sich damit großartige Möglichkeiten, fast nebenbei einen wirksamen Beitrag zu einem Wandel in der Gesellschaft beizutragen. Und diese Möglichkeit nutze ich jeden Tag mit Freude. Es genügen scheinbare Kleinigkeiten, und die haben immer eine große Wirkung. Erst gestern habe ich wieder einer Kundin gezeigt, wie viel schöner ein ‚Ich danke Ihnen!' ist als nur ein ‚Danke!' Das kann sie leicht anwenden, und sie merkt dann im Gespräch auch sofort die positive Wirkung!" Dann kichert sie: „Das ist außerdem interessanter, als mit den Kunden nur Small Talk zu führen. Mir geht es gut damit, und den Kunden auch. Wenn sie für den nächsten Haarschnitt wiederkommen, berichten sie mir von ihren sprachlichen Entdeckungen und von ihren Erfolgen bei der Kommunikation."

Wir sind sicher: Birkenfeld hat eine friedvolle, glückliche Zukunft vor sich mit vielen fröhlichen, zufriedenen Menschen.

Was wir uns wünschen

Wir haben im zweiten Teil unseres Buchs zahlreiche Praxisbeispiele gebracht. Sie zeigen ein großes Spektrum von Anwendungen des Lingva Eterna Kommunikationsmodells. Mit ihm wird schnell sichtbar, ob ein Kommunikationsprozess erfolgreich sein wird oder ob er ins Abseits gerät. Das Modell kann und soll vielfältig eingesetzt werden. Es ist universell zu gebrauchen und leicht anwendbar. Die in den Beispielen dargestellten Dialoge und Geschichten beruhen auf Erfahrungsberichten von Seminarteilnehmern und Seminarteilnehmerinnen und Klienten und Klientinnen.

Wir stellen mit diesem Werk das Lingva Eterna Konzept in den Kontext der bekannten Kommunikationstheorien. Wir zeigen seine Entstehungsgeschichte und Hintergründe auf und stellen seine theoretischen Grundlagen dar. Dabei wird sichtbar, dass wir die bestehenden Theorien und Modelle nicht einfach weiterentwickelt haben. Vielmehr haben wir einen völlig neuen, eigenständigen Ansatz entwickelt. Er erweitert die Möglichkeiten, die jeder und jede Einzelne bereits erworben oder kennengelernt hat. Mit dem neuen Blick auf Sprache und Kommunikation und dem damit einhergehenden neuen Verständnis wird jeder Anwender dieses Konzepts in all seinem Tun und Wirken noch wirksamer.

Wenn ein einzelner Mensch seine Kommunikation und seine Sprache weiterentwickelt, dann wird sich das immer auf ihn selbst und auch auf sein Umfeld auswirken. Daher kann jeder und jede zu einer positiven Entwicklung unserer Welt beitragen. Es sind oft die kleinen Handlungen, Äußerungen und Gesten, die in der Summe eine starke Wirkung haben. Im beruflichen und im privaten Alltag gibt es eine Vielfalt von kommunikativen Situationen. Jede von ihnen ist eine Möglichkeit, den Dialog und den Austausch in gegenseitiger Wertschätzung und Klarheit zu führen. Eine gelingende Kommunikation ist die Grundlage für ein Klima, in dem Menschen sich wohlfühlen und ihr wahres Potenzial entfalten. Oft sind es Nuancen im Gesprächsaufbau und in der Wortwahl, die darüber entscheiden, ob ein anderer sich für unsere Gedanken öffnet oder sich ihnen ganz im Gegenteil verschließt, da er sich angegriffen oder infrage gestellt fühlt.

Wir wissen aus Erfahrung, dass Lingva Eterna zu einer besseren Verständigung führt und den Frieden in Familien, Betrieben und der Gesellschaft fördert. Jeder Mann und jede Frau kann damit beginnen, die eigene Sprache weiterzuentwickeln und eine klare wertschätzende Kommunikation zu pflegen.

Möge dieses Konzept noch viel mehr zu einer anerkannten Grundlage der privaten, beruflichen und öffentlichen Kommunikation werden, als dies bereits geschehen ist. Wir haben den Wunsch, dass Lingva Eterna in dieser Zeit des Wandels und der globalen Herausforderungen einen Beitrag leistet zu mehr Menschlichkeit und Achtsamkeit im Umgang mit sich selbst, anderen Menschen und der Schöpfung und zum Frieden in der Welt.

Kontakt

LINGVA ETERNA GmbH
Institut für bewusste Sprache
Aus- und Weiterbildungen, Seminare, Vorträge, Publikationen
Gartenstraße 4
90762 Fürth

Telefon: +49 (0)911 47774560
E-Mail: info@lingva-eterna.de

https://lingva-eterna.de
https://das-kommunikationsmodell.de

Autorin und Autor

Mechthild R. von Scheurl-Defersdorf ist Sprachwissenschaftlerin. Sie hat Englisch, Französisch und Arabisch studiert und war nach ihrem Hochschulabschluss mehrere Jahre in der Industrie im Bereich Kommunikation tätig. Sie erkannte den Zusammenhang von Sprache und der Entwicklung der Persönlichkeit. Ihr wurde die Bedeutung ihrer Erkenntnisse für die Erziehung und für die Charakterbildung bewusst sowie die Chancen, die sich daraus für die Pädagogik und die Personalentwicklung ergeben.

Sie begründete Mitte der neunziger Jahre das Lingva Eterna Sprach- und Kommunikationskonzept und leitet das gleichnamige Institut mit Sitz in Erlangen. Seit 1991 hat sie zum Thema Sprache und Kommunikation mehrere grundlegende Bücher und Kartensätze veröffentlicht. Bei der Entwicklung ihres Konzepts kamen ihr ihre Erfahrungen mit der sensorischen Integration und der Feldenkrais-Methode zugute.

Theodor von Stockert ist Arzt für Neurologie und Psychiatrie. Er hat sich intensiv mit Gehirn und Sprache sowie mit Neuropsychologie, Neurolinguistik und Sprachpathologie befasst. Er war an mehreren Krankenhäusern und Einrichtungen tätig, zuletzt als Chefarzt einer Klinik für neurologische Rehabilitation. Seit 2004 trägt er durch seine fachliche Kompetenz entscheidend zur Weiterentwicklung des gleichnamigen Sprach- und Kommunikationskonzepts bei und hat wesentliche Grundlagen für die Ausbildungen gelegt. Diese begleitet er ebenso wie zahlreiche Seminare des Instituts. Er hat nach umfangreichen Beobachtungen und Übungen das Lingva Eterna Kommunikationsmodell geschaffen.

Literatur

LINGVA ETERNA Fachbücher

Scheurl-Defersdorf, Mechthild R. von: Deutlich reden, wirksam handeln: Wie Kinder das Leben entdecken. Neuausgabe, Freiburg i. Br. 2021.

Scheurl-Defersdorf, Mechthild R. von: Drück mich mal ganz fest: Therapie und Erfolgsgeschichte eines wahrnehmungsgestörten Kindes. Neuausgabe, Freiburg i. Br. 2017.

Scheurl-Defersdorf, Mechthild R. von/Stockert, Theodor von: Ein lautes Ja zum Leben sagen! Zufrieden werden mit bewusster Sprache. Freiburg i. Br. 2020.

Scheurl-Defersdorf, Mechthild R. von: Ich verstehe, was du meinst. Die Kraft der Sprache für ein glückliches Miteinander. Freiburg i. Br. 2018.

Scheurl-Defersdorf, Mechthild R. von: In der Sprache liegt die Kraft. Klar reden, besser leben. 5. Auflage der Neuausgabe, Freiburg i. Br. 2014.

Scheurl-Defersdorf, Mechthild R. von (Hrsg.): Jedes Wort wirkt! LINGVA ETERNA in der Pädagogik. Neuausgabe, Erlangen 2020.

Scheurl-Defersdorf, Mechthild R. von (Hrsg.): LINGVA ETERNA in der Praxis. Erlangen 2019.

- Band 1: Birgit Böhm: Klare und wertschätzende Kommunikation in der Grundschule.
- Band 2: Kerstin Höfler: Sprachliche Bildung in Kindertagesstätten.
- Band 3: Cordula Engels: Bewusste Sprache in der Ausbildung von Bankkaufleuten.

Band 4: Ute Brinkmann: Nachhaltiger Unterricht mit bewusster Sprache – Anregungen für die Lehrerausbildung.
Band 5: Andrea Laake: Führungskompetenz für angehende Lehrerinnen und Lehrer.
Band 6: Helene Gepp: Klare Sprache bei Kindern mit emotional-sozialem Förderbedarf.
Band 7: Sabine van Kempen: Klare und verständliche Behördensprache.

Scheurl-Defersdorf, Mechthild R. von: Sieben Tage achtsam sprechen. Neuausgabe, Freiburg i. Br. 2021.

Scheurl-Defersdorf, Mechthild R. von (Hrsg.): Wir sind füreinander da. Bewusste Sprache in der Pflege. Erlangen 2017.

Stockert, Theodor von: Meine Sprache und ich. Mit Sprachstruktur Persönlichkeit entwickeln. Überarbeitete und erweiterte Neuausgabe, Erlangen 2016.

LINGVA ETERNA Kommunikationsmodell

LINGVA ETERNA Kommunikationsmodell
Set bestehend aus einem Kartensatz mit sechs grafisch gestalteten Bildkarten und einem Begleitbuch, Erlangen 2021.
Erhältlich über LINGVA ETERNA: www.das-kommunikationsmodell.de und www.lingva-eterna.de.

LINGVA ETERNA Kartensätze

Scheurl-Defersdorf, Mechthild R. von: Die Kraft der Sprache. 80 Karten für den täglichen Sprachgebrauch. Erlangen 2020.

Scheurl-Defersdorf, Mechthild R. von: Die Kraft der Sprache. 40 Karten für die Sprache im Pflegebereich. Erlangen 2018.

Scheurl-Defersdorf, Mechthild R. von: Die Kraft der Sprache. 40 Karten für Pädagogen. Erlangen 2014.

Scheurl-Defersdorf, Mechthild R. von: Die Kraft der Sprache. 40 Karten für Trainer, Coaches und Berater. Erlangen 2016.

LINGVA ETERNA Hörbuch

Scheurl-Defersdorf, Mechthild R. von/Stockert, Theodor von: In der Sprache liegt die Kraft. Sich selbst und andere führen. 2 CDs, Neuausgabe, Erlangen 2019.

Scheurl-Defersdorf, Mechthild R. von/Stockert, Theodor von: Einfach mehr erreichen – das LINGVA ETERNA® Konzept. Audiobook zum Downloaden und Streamen, Erlangen 2020.

Fachliteratur

Bandler, Richard Wayne/Grindler, John: Metasprache und Psychotherapie I-III. Paderborn 1984-86.

Chomsky, Noah: Aspekte der Syntax-Theorie, Frankfurt/Main 1969.

Evans, Nicolas: Wenn Sprachen sterben. München 2014.

Friderici, Angela: Language in our Brain. Cambridge/Massachussetts, London/ England 2017.

Jakobson, Roman: Kindersprache, Aphasie und allgemeine Lautgesetze. Frankfurt 1969.

Jacobson, Roman/Halle, Morris: Foundamentals of Language. Den Haag 1956.

Klemperer Viktor: LTI – Notizbuch eines Philologen. Leipzig 1975.

Meynert, Theodor: Psychiatrie. Erkrankungen des Vorderhirns. Wien 1884.

Pick, Arnold: Die agrammatischen Sprachstörungen. Berlin 1913

Rosenberg, Marshall: Gewaltfreie Kommunikation. Paderborn 2009.

Schulz von Thun, Friedemann: Miteinander reden.1-3. Reinbeck 2008.

Sharpley, Christopher: Research Findings on Neurolinguistic Findings. Nonsupporting Data or an Untestable Theory. In: Journal of Counseling Psychology 34,1, 103–107

Stockert, Theodor von/Heeschen, Claus: Eine linguistische Methode zur Untersuchung von Aphasien. Nervenarzt 42, 305-311

Stockert, Theodor von: Recognition of syntactic structure in aphasic patients. 1972, Cortex VIII, 323-334

Stockert, Theodor von: Das Stockert Programm, Programm zur Behandlung aphasischer Sprachstörungen. Erlangen 2019.

Watzlawick, Paul, Beavin Janet H., Jackson Don D.: Menschliche Kommunikation. Bern 1969.

Wernicke, Carl: Der aphasische Symptomenkomplex. Breslau 1874.

Wiseman R., Watt C., ten Brinke L., Porter S., Couper S.-L. et al. (2012): The Eyes Don't Have It: Lie Detection and Neuro-Linguistic Programming. PLoS ONE 7(7)

Whorf, Lee: Sprache, Denken, Wirklichkeit. Reinbeck 1963.